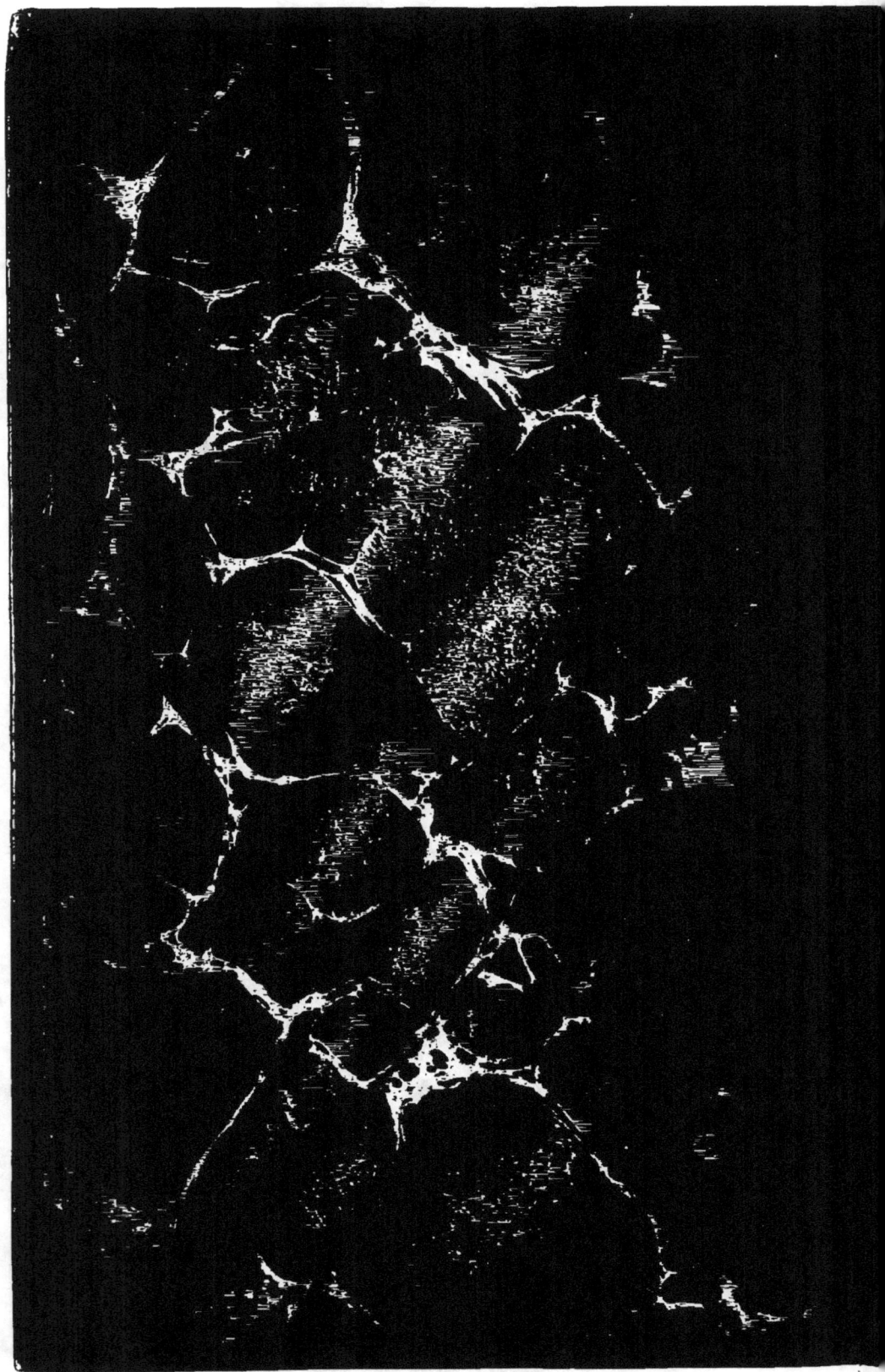

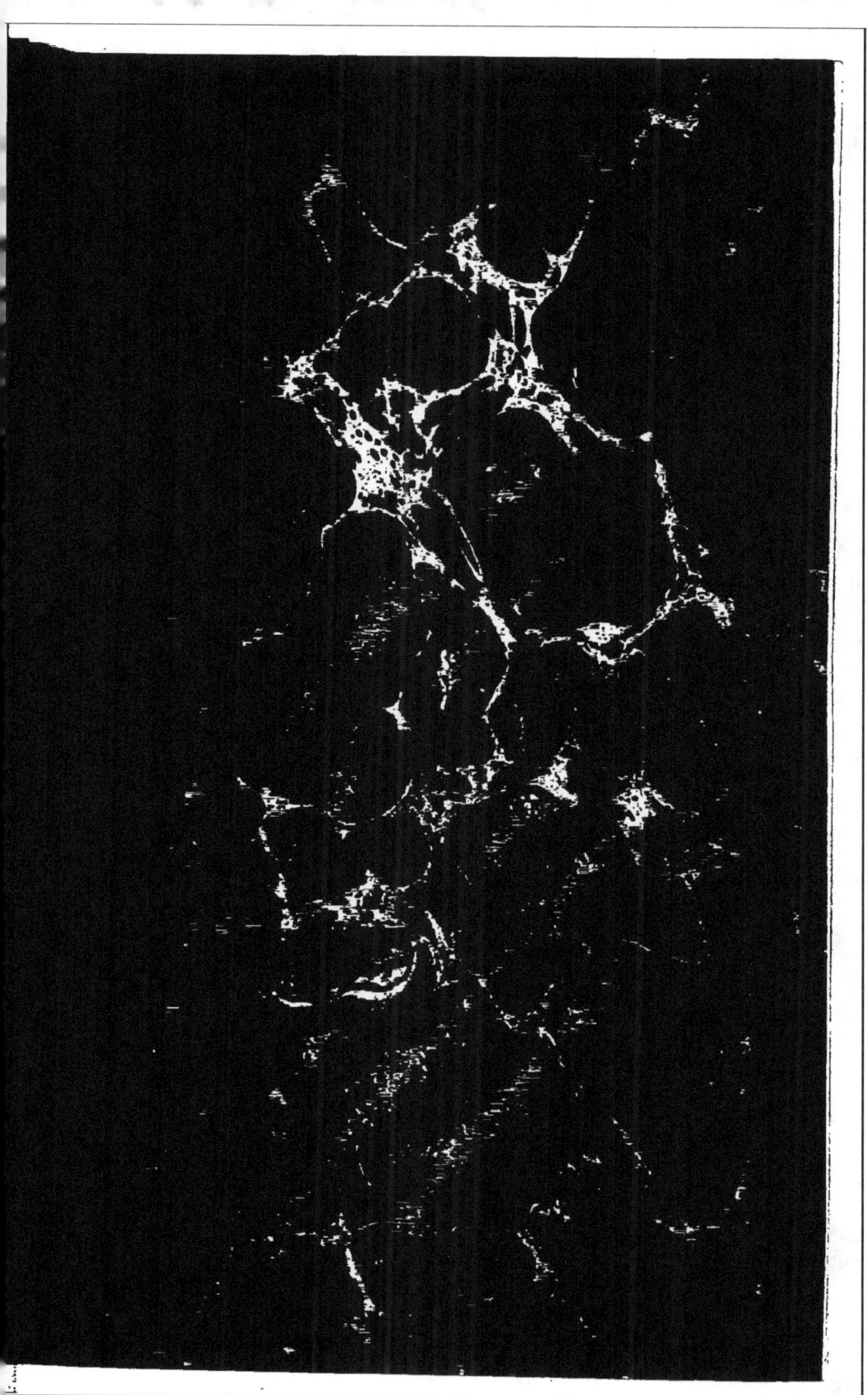

DOCUMENTS PUBLICS
POUR SERVIR A L'HISTOIRE DE LA GUERRE DE 1870-1871
VI

RECUEIL

DES

DÉPÈCHES FRANÇAISES

OFFICIELLES

Circulaires, Proclamations, Rapports militaires

ORDRES DU JOUR

Résumant tous les faits importants qui se sont passés pendant
la guerre franco-prussienne

6 juillet 1870 — 1ᵉʳ mars 1871

CLASSÉS PAR

PAUL CHASTEAU

———

1ʳᵉ SÉRIE

DÉBUTS DE LA GUERRE. — L'INVASION

Du 6 juillet au 12 décembre 1870

———

Prix : 1 fr. 50

———

PARIS

LIBRAIRIE INTERNATIONALE

A. LACROIX, VERBOECKHOVEN ET Cⁱᵉ, ÉDITEURS

15, boulevart Montmartre et faubourg Montmartre, 13

MÊME MAISON A BRUXELLES, A LIVOURNE ET A LEIPZIG

1871

RECUEIL

DES

DÉPÈCHES FRANÇAISES

OFFICIELLES

Paris. — Imp. Émile Voitelain et Cᵉ, rue J.-J. Rousseau, 61.

DOCUMENTS PUBLICS
. POUR SERVIR A L'HISTOIRE DE LA GUERRE DE 1870-1871
VI

RECUEIL

DES

DÉPÊCHES FRANÇAISES

OFFICIELLES

Circulaires, Proclamations, Rapports militaires

ORDRES DU JOUR

Résumant tous les faits importants qui se sont passés pendant
la guerre franco-prussienne

6 juillet 1870 — 1er mars 1871

CLASSÉS PAR

PAUL CHASTEAU

1re SÉRIE

DÉBUTS DE LA GUERRE. — L'INVASION

Du 6 juillet au 12 décembre 1870

PARIS

LIBRAIRIE INTERNATIONALE
A. LACROIX, VERBOECKHOVEN et Cie, ÉDITEURS
15, boulevart Montmartre et faubourg Montmartre, 13
MÊME MAISON A BRUXELLES, A LIVOURNE ET A LEIPZIG

1871

AVERTISSEMENT

Nous offrons au public, sous forme de livre, le *Recueil complet des Dépêches officielles, Circulaires, Proclamations, Rapports militaires et Ordres du jour*, résumant jour par jour, heure par heure, tous les événements, batailles, faits importants, etc., qui se sont passés dans les départements pendant la guerre franco-prussienne.

C'est principalement à l'intention des Parisiens que nous les avons recueillis, car ils ne les ont connus que très-imparfaitement, les dépêches du Gouvernement de Tours et de Bordeaux n'ayant pu parvenir jusqu'à eux pendant le temps qu'a duré l'investissement de Paris. Ce *Recueil*, croyons-nous, peut être précieux à consulter ; il épargnera à chacun le travail long et pénible de parcourir les journaux que l'on se procurerait difficilement.

Les habitants des départements eux-mêmes peuvent avoir perdu le souvenir de ce qui s'est passé depuis le 19 juillet 1870, date de la déclaration de la guerre. Il leur sera permis, au moyen de ce *Recueil*, de se remettre en mémoire la position et les mouvements des troupes, leurs victoires et leurs défaites.

Puissions-nous avoir rempli le but que nous nous sommes proposé !

PAUL CHASTEAU.

RECUEIL

DES

DÉPÊCHES FRANÇAISES

OFFICIELLES

Déclaration

Faite au Corps législatif, le 6 Juillet 1870, par M. le Ministre
des Affaires étrangères.

MESSIEURS,

Il est vrai que le maréchal Prim a offert au prince
Léopold de Hohenzollern la couronne d'Espagne et que
ce dernier l'a acceptée; mais le peuple espagnol ne s'est
pas encore prononcé, et nous ne connaissons pas encore
les détails vrais d'une négociation qui nous a été cachée.
Nous n'avons cessé de témoigner nos sympathies à la
nation espagnole et d'éviter tout ce qui aurait pu avoir
les apparences d'une immixtion quelconque dans les
affaires intérieures d'une grande et noble nation en plein
exercice de sa souveraineté; nous ne sommes pas sortis,
à l'égard des divers prétendants au trône, de la plus
stricte neutralité, et nous n'avons jamais témoigné, pour
aucun d'eux, ni préférence, ni éloignement.

Nous persistons dans cette conduite; mais nous ne
croyons pas que le respect des droits d'un peuple voisin
nous oblige à souffrir qu'une puissance étrangère, en
plaçant un de ses princes sur le trône de Charles-Quint,
puisse déranger à notre détriment l'équilibre actuel des

forces en Europe et mettre en péril les intérêts et l'honneur de la France.

Cette éventualité, nous en avons le ferme espoir, ne se réalisera pas.

Pour l'empêcher, nous comptons à la fois sur la sagesse du peuple allemand et sur l'amitié du peuple espagnol.

S'il en était autrement, forts de votre appui, messieurs, et de celui de la nation, nous saurions remplir notre devoir sans hésitation et sans faiblesse.

Corps législatif

Séance du 15 *Juillet* 1870.

M. Émile Ollivier à la tribune.

« Mon honorable ami, M. de Gramont étant retenu au
« Sénat, je vais avoir l'honneur de donner lecture à la
« Chambre de l'exposé que nous avons délibéré en
« conseil.

« La manière dont vous avez accueilli notre déclara-
« tion du 6 juillet nous ayant donné la certitude que
« vous approuviez notre politique et que nous pouvions
« compter sur votre appui, nous avons aussitôt com-
« mencé des négociations avec les puissances étrangères
« pour obtenir leurs bons offices; avec la Prusse, afin
« qu'elle reconnût la légitimité de nos griefs.

« Dans ces négociations, nous n'avons rien demandé
« à l'Espagne, dont nous ne voulions ni éveiller les sus-
« ceptibilités, ni froisser l'indépendance; nous n'avons
« pas agi auprès du prince de Hohenzollern, que nous
« considérions comme couvert par le roi; nous avons
« également refusé de mêler à notre discussion aucune
« récrimination ou de la faire sortir de l'objet même
« dans lequel nous l'avions renfermée dès le début.

« La plupart des puissances étrangères ont été pleines
« d'empressement à nous répondre, et elles ont, avec
« plus ou moins de chaleur, admis la justice de notre
« réclamation.

« Le ministre des affaires étrangères prussien nous a
« opposé une fin de non-recevoir, en prétendant qu'il
« ignorait l'affaire et que le cabinet de Berlin y était
« resté étranger.

« Nous avons dû alors nous adresser au roi lui-même,
« et nous avons donné à notre ambassadeur l'ordre de
« se rendre à Ems, auprès de Sa Majesté.

« Tout en reconnaissant qu'il avait autorisé le prince
« de Hohenzollern à accepter la candidature qui lui avait
« été offerte, le roi de Prusse a soutenu qu'il était resté
« étranger aux négociations poursuivies entre le gouver-
« nement espagnol et le prince de Hohenzollern, qu'il
« n'y était intervenu que comme chef de famille et nulle-
« ment comme souverain, et qu'il n'avait ni réuni ni
« consulté le conseil de ses ministres. Sa Majesté a re-
« connu cependant qu'elle avait informé le comte de
« Bismarck de ces divers incidents.

« Nous ne pouvions considérer ces réponses comme
« satisfaisantes; nous n'avons pu admettre cette distinc-
« tion subtile entre le souverain et le chef de famille, et
« nous avons insisté pour que le roi conseillât et im-
« posât au besoin au prince Léopold une renonciation
« à sa candidature.

« Pendant que nous discutions avec la Prusse, le dé-
« sistement du prince Léopold nous vint du côté d'où
« nous ne l'attendions pas, et nous fut remis le 12 juil-
« let par l'ambassadeur d'Espagne.

« Le roi, ayant voulu y rester étranger, nous lui de-
« mandâmes de s'y associer et de déclarer que si, par
« un de ces revirements toujours possibles dans un pays
« sortant d'une révolution, la couronne était de nouveau

« offerte par l'Espagne au prince Léopold, il ne l'au-
« toriserait plus à l'accepter, afin que le débat pût être
« considéré comme définitivement clos.

« Notre demande était modérée; les termes dans les-
« quels nous l'exprimions ne l'étaient pas moins : « Dites
« bien au roi, écrivions-nous au comte Benedetti, le
« 12 juillet à minuit, dites bien au roi que nous n'avons
« aucune arrière-pensée, que nous ne cherchons pas un
« prétexte de guerre et que nous ne demandons qu'à
« résoudre honorablement une difficulté que nous n'a-
« vons pas créée nous-mêmes. »

« Le roi consentit à approuver la renonciation du
« prince Léopold, mais il *refusa* de déclarer qu'il n'au-
« toriserait plus à l'avenir le renouvellement de cette
« candidature.

« J'ai demandé au roi, nous écrivait M. Benedetti, le
« 13 juillet à minuit, de vouloir bien me permettre de
« vous annoncer en son nom que si le prince de Hohen-
« zollern revenait à son projet, Sa Majesté interposerait
« son autorité et y mettrait obstacle. Le roi a *absolument*
« refusé de m'autoriser à vous transmettre une sem-
« blable déclaration. J'ai vivement insisté, mais sans
« réussir à modifier les dispositions de Sa Majesté. Le
« roi a terminé notre entretien, en me disant qu'il ne
« pouvait ni ne *voulait* prendre un pareil engagement,
« et qu'il devait, pour cette éventualité comme pour
« toute autre, se *réserver la faculté de consulter les*
« *circonstances.* »

« Quoique ce refus nous parût injustifiable, notre des-
« sein de conserver à l'Europe les bienfaits de la paix
« était tel que nous ne rompîmes pas les négociations,
« et que, malgré votre impatience légitime, craignant
« qu'une discussion ne les entravât, nous vous avons
« demandé d'ajourner nos explications jusqu'à aujour-
« d'hui. Aussi notre surprise a-t-elle été profonde lorsque,

« hier, nous avons appris que le roi de Prusse avait no-
« tifié par un aide de camp à notre ambassadeur qu'il
« ne le recevrait plus, et que, pour donner à ce refus un
« caractère non équivoque, son gouvernement l'avait
« communiqué officiellement aux cabinets de l'Europe.

« Nous apprenons, en même temps, que M. le baron
« de Werther avait reçu l'ordre de prendre un congé et
« que des armements s'opéraient en Prusse.

« Dans ces circonstances, tenter davantage pour la
« conciliation eût été un oubli de dignité et une impru-
« dence. Nous n'avons rien négligé pour éviter une
« guerre. Nous allons nous préparer à soutenir celle
« qu'on nous offre, en laissant à chacun la part de res-
« ponsabilité qui lui revient. Dès hier, nous avons rap-
« pelé nos réserves, et, avec votre concours, nous allons
« prendre immédiatement les mesures nécessaires pour
« sauvegarder les intérêts, la sécurité et l'honneur de la
« France. »

Corps législatif

Séance du 20 Juillet 1870

Le Ministre des Affaires étrangères.

MESSIEURS,

L'exposé qui vous a été présenté dans la séance du
15 juillet a fait connaître au Corps législatif les justes
causes de guerre que nous avons contre la Prusse.

Conformément aux règles d'usage, et par ordre de
l'Empereur, j'ai invité le chargé d'affaires de France à
notifier au cabinet de Berlin notre résolution de pour-
suivre par les armes les garanties que nous n'avons pu
obtenir par la discussion.

Cette démarche a été accomplie, et j'ai l'honneur de

faire savoir au Corps législatif qu'en conséquence l'état de guerre existe, à partir du 19 juillet, entre la France et la Prusse.

Cette déclaration s'applique également aux alliés de la Prusse qui lui prêtent contre nous le concours de leurs armes.

Circulaire de M. de Gramont, Ministre des Affaires étrangères

Paris, le 21 juillet 1870.

« Monsieur..., vous connaissez déjà l'enchaînement des faits qui nous ont conduits à une rupture avec la Prusse. La communication que le gouvernement de l'empereur a portée, le 15 de ce mois, à la tribune des grands corps de l'État, et dont je vous ai envoyé le texte, a exposé à la France et à l'Europe les rapides péripéties d'une négociation dans laquelle, à mesure que nous redoublions nos efforts pour conserver la paix, se dévoilaient les secrets desseins d'un adversaire résolu à la rendre impossible. Soit que le cabinet de Berlin ait jugé la guerre nécessaire pour l'accomplissement des projets qu'il préparait de longue date contre l'autonomie des États allemands, soit que, peu satisfait d'avoir établi au centre de l'Europe une puissance militaire devenue redoutable à tous ses voisins, il ait voulu mettre à profit la force acquise pour déplacer définitivement à son avantage l'équilibre international, l'intention préméditée de nous refuser les garanties les plus indispensables à notre sécurité aussi bien qu'à notre honneur, se montre avec la dernière évidence dans toute sa conduite.

« Voici, à n'en pas douter, quel a été le plan combiné contre nous. Une entente préparée mystérieusement par des intermédiaires inavoués devait, si la lumière n'eût été faite avant l'heure, mener les choses jusqu'au point où la candidature d'un prince prussien à la couronne d'Espagne aurait été soudainement révélée aux Cortès assemblées. Un vote enlevé par surprise, avant que le peuple espagnol eût eu le temps de la réflexion, proclamait, on l'a espéré du moins, le prince Léopold de Hohenzollern héritier du sceptre de Charles-Quint. Ainsi, l'Europe se serait trouvée en présence d'un fait accompli ; et, spéculant sur notre déférence pour le grand principe de la souveraineté populaire, on comptait que la France, malgré un déplaisir passager, s'arrêterait devant la volonté ostensiblement exprimée d'une nation pour laquelle on savait toutes nos sympathies.

« Dès qu'il a été instruit du péril, le gouvernement de l'empereur n'a pas hésité à le dénoncer aux représentants du pays comme à tous les cabinets étrangers ; contre cette manœuvre, le jugement public de l'opinion devenait son plus légitime auxiliaire. Les esprits impartiaux ne se sont trompés nulle part sur la véritable situation des choses ; ils ont vite compris que si nous étions péniblement affectés de voir tracer à l'Espagne, dans l'intérêt exclusif d'une dynastie ambitieuse, un rôle si peu fait pour la loyauté de ce peuple chevaleresque, si peu conforme aux instincts et aux traditions d'amitié qui l'unissent à nous, nous ne pouvions avoir la pensée de démentir notre constant respect pour l'indépendance de ses résolutions nationales.

« On a senti que la politique peu scrupuleuse du gouvernement prussien était ici seule en jeu. C'est ce gouvernement, en effet, qui, ne se croyant pas lié par le droit commun et méprisant les règles auxquelles les plus grandes puissances ont eu la sagesse de se soumettre, a tenté d'imposer à l'Europe abusée une extension si dangereuse de son influence.

« La France a pris en main la cause de l'équilibre, c'est-à-dire la cause de tous les peuples menacés comme elle par l'agrandissement disproportionné d'une maison royale. En agissant ainsi, se plaçait-elle, comme on a voulu le faire croire, en contradiction avec ses propres maximes ? Assurément non.

« Toute nation, nous aimons à le proclamer, est maîtresse de ses destinées. Ce principe, hautement affirmé par la France, est devenu l'une des lois fondamentales de la politique moderne. Mais le droit de chaque peuple, comme de chaque individu, est limité par le droit d'autrui, et il est interdit à une nation, sous prétexte d'exercer sa souveraineté propre, de menacer l'existence ou la sécurité d'un peuple voisin. C'est dans ce sens qu'un de nos grands orateurs, M. de Lamartine, disait en 1847 que, lorsqu'il s'agit du choix d'un souverain, un gouvernement n'a jamais le droit de prétendre et a toujours le droit d'exclure. Cette doctrine a été admise par tous les cabinets dans les circonstances analogues à celles où nous a placés la candidature du prince de Hohenzollern, notamment en 1831, dans la question belge, en 1830 et en 1862 dans la question hellénique.

« Dans les affaires belges, c'est la voix de l'Europe elle-même qui s'est fait entendre, car ce sont les cinq grandes puissances qui ont décidé.

« Les trois cours qui avaient pris en main la cause du peuple hellène, s'inspirant d'une pensée d'intérêt général, étaient convenues déjà entre elles de ne pas accepter le trône de Grèce pour un prince de leur famille.

« Les cabinets de Paris, de Londres, de Vienne, de Berlin et de Saint-Pétersbourg, représentés dans la conférence de Londres, s'approprièrent cet exemple; ils en firent une règle de conduite pour tous dans une négociation où était engagée la paix du monde, et rendirent ainsi un solennel hommage à cette grande loi de la pondération des forces qui est la base du système politique européen.

« Vainement le congrès national de Belgique persista, malgré cette résolution, à élire le duc de Nemours. La France se soumit à l'engagement qu'elle avait pris et refusa la couronne apportée à Paris par les députés belges. Mais elle imposa à son tour la nécessité qu'elle subissait en frappant d'exclusion la candidature du duc de Leuchtenberg que l'on avait opposée à celle du prince français.

« En Grèce, lors de la dernière vacance du trône, le gouvernement de l'empereur combattait à la fois la candidature du prince Alfred d'Angleterre et celle d'un autre duc de Leuchtenberg.

« L'Angleterre, reconnaissant l'autorité des considérations invoquées par nous, déclara à Athènes que la reine n'autoriserait pas son fils à accepter la couronne de Grèce. La Russie fit une déclaration semblable pour le duc de Leuchtenberg, bien qu'à raison de sa naissance ce prince ne fût pas considéré absolument par elle comme membre de la famille impériale.

« Enfin, l'empereur Napoléon a spontanément appliqué les mêmes principes dans une note insérée au *Moniteur* du 1er septembre 1860, pour désavouer la candidature du prince Murat au trône de Naples.

« La Prusse, à qui nous n'avons pas manqué de rappeler ces précédents, a paru un moment céder à nos justes réclamations. Le prince Léopold s'est désisté de sa candidature; on a pu se flatter que la paix ne serait pas troublée. Mais cet espoir a bientôt fait place à des appréhensions nouvelles, puis à la certitude que la Prusse, sans retirer sérieusement aucune de ses prétentions, cherchait seulement à gagner du temps. Le langage d'abord hésitant, puis décidé et hautain du chef de la maison de Hohenzollern, son refus de s'engager à maintenir le lendemain la renonciation de la veille, le traitement infligé à notre ambassadeur, auquel un mes-

sage verbal a interdit toute communication nouvelle pour
l'objet de sa mission de conciliation, enfin la publicité
donnée à ce procédé insolite par les journaux prussiens
et par la notification qui en a été faite aux cabinets, tous
ces symptômes successifs d'intentions agressives ont fait
cesser le doute dans les esprits les plus prévenus. L'illusion est-elle permise quand un souverain qui commande
à un million de soldats déclare, la main sur la garde de
son épée, qu'il se réserve de prendre conseil de lui seul
et des circonstances ? Nous étions amenés à cette limite
extrême où une nation qui sent ce qu'elle se doit ne
transige plus avec les exigences de son honneur.

« Si les derniers incidents de ce pénible débat ne jetaient
pas une assez vive lumière sur les projets nourris par le
cabinet de Berlin, il est une circonstance, moins connue
jusqu'à ce jour, qui donne à sa conduite une signification
décisive.

« L'idée d'élever au trône d'Espagne un prince de
Hohenzollern n'était pas nouvelle. Déjà, au mois de mars
1869, elle avait été signalée par notre ambassadeur à
Berlin, qui était aussitôt invité à faire savoir au comte
de Bismarck comment le gouvernement de l'empereur
envisagerait une éventualité semblable. M. le comte
Benedetti, dans plusieurs entretiens qu'il avait eus à ce
sujet, soit avec le chancelier de la Confédération de
l'Allemagne du Nord, soit avec le sous-secrétaire d'État
chargé de la direction des Affaires étrangères, n'avait
pas laissé ignorer que nous ne pourrions admettre qu'un
prince prussien vînt à régner au-delà des Pyrénées.

« Le comte de Bismarck, de son côté, avait déclaré
que nous ne devions nullement nous préoccuper d'une
combinaison que lui-même jugeait irréalisable, et, en
l'absence du chancelier fédéral, dans un moment où
M. Benedetti avait cru devoir se montrer incrédule et
pressant, M. de Thile avait engagé sa parole d'honneur

que le prince de Hohenzollern n'était pas et ne pouvait
pas devenir un candidat sérieux à la couronne d'Espagne.

« Si l'on devait suspecter la sincérité d'assurances
officielles aussi positives, les communications diplomatiques cesseraient d'être un gage de la paix européenne ;
elles ne seraient plus qu'un piége ou un danger. Aussi,
bien que notre ambassadeur transmît ces déclarations
sous toutes réserves, le gouvernement de l'empereur
avait-il jugé convenable de les accueillir favorablement.
Il s'était refusé à en révoquer en doute la bonne foi jusqu'au jour où s'est révélée tout d'un coup la combinaison
qui en était la négation éclatante. En revenant inopiné-
ment sur la parole qu'elle nous avait donnée, sans même
tenter aucune démarche pour se dégager envers nous, la
Prusse nous adressait un véritable défi. Éclairés, dès lors,
sur la valeur que pouvaient avoir les protestations les
plus formelles des hommes d'État prussiens, nous avions
le devoir impérieux de préserver, dans l'avenir, notre
loyauté contre de nouveaux mécomptes par une garantie
explicite. Nous devions donc insister, comme nous l'avons
fait, pour obtenir la certitude qu'une renonciation qui ne
se présentait qu'entourée de distinctions subtiles était,
cette fois, définitive et sérieuse.

« Il est juste que la cour de Berlin ait devant l'histoire la responsabilité de cette guerre, qu'elle avait les
moyens d'éviter et qu'elle a voulue. Et dans quelles circonstances a-t-elle recherché la lutte ? C'est lorsque,
depuis quatre ans, la France, lui donnant le témoignage
d'une modération constante, s'est abstenue, avec un
scrupule peut-être exagéré, d'invoquer contre elle des
traités conclus sous la médiation même de l'empereur,
mais dont l'oubli volontaire ressort de tous les actes d'un
gouvernement qui songeait déjà à s'en affranchir au moment où il y souscrivait.

« L'Europe a été témoin de notre conduite, et elle a pu

la comparer à celle de la Prusse pendant le cours de cette période. Qu'elle prononce aujourd'hui sur la justice de notre cause. Quel que doive être le sort des batailles, nous attendons sans inquiétude le jugement de nos contemporains comme celui de la postérité.

Agréez, etc.

GRAMONT

Proclamation de l'Empereur

Juillet 1870.

FRANÇAIS,

Il y a dans la vie des peuples des moments solennels où l'honneur national, violemment excité, s'impose comme une force irrésistible, domine tous les intérêts et prend seul en mains la direction des destinées de la Patrie. Une de ces heures décisives vient de sonner pour la France.

La Prusse, à qui nous avons témoigné pendant et depuis la guerre de 1866 les dispositions les plus conciliantes, n'a tenu aucun compte de notre bon vouloir et de notre longanimité. Lancée dans une voie d'envahissement, elle a éveillé toutes les défiances, nécessité partout des armements exagérés et fait de l'Europe un camp où règnent l'incertitude et la crainte du lendemain.

Un dernier incident est venu révéler l'instabilité des rapports internationaux et montrer toute la gravité de la situation. En présence des nouvelles prétentions de la Prusse, nos réclamations se sont fait entendre. Elles ont été éludées et suivies de procédés dédaigneux. Notre pays en a ressenti une profonde irritation, et aussitôt un cri de guerre a retenti d'un bout de la France à l'autre. Il ne nous reste plus qu'à confier nos destinées au sort des armes.

Nous ne faisons pas la guerre à l'Allemagne, dont nous respectons l'indépendance. Nous faisons des vœux pour que les peuples qui composent la grande nationalité germanique disposent librement de leurs destinées. Quant à nous, nous réclamons l'établissement d'un état de choses qui garantisse notre sécurité et assure l'avenir. Nous voulons conquérir une paix durable, basée sur les vrais intérêts des peuples et faire cesser cet état précaire où toutes les nations emploient leurs ressources à s'armer les unes contre les autres.

Le glorieux drapeau que nous déployons encore une fois devant ceux qui nous provoquent est le même qui porta à travers l'Europe les idées civilisatrices de notre grande révolution. Il représente les mêmes principes ; il inspirera les mêmes dévouements.

Français,

Je vais me mettre à la tête de cette vaillante armée qu'anime l'amour du devoir et de la patrie. Elle sait ce qu'elle vaut, car elle a vu dans les quatre parties du monde la victoire s'attacher à ses pas.

J'emmène mon fils avec moi, malgré son jeune âge. Il sait quels sont les devoirs que son nom lui impose, et il est fier de prendre sa part dans les dangers de ceux qui combattent pour la patrie.

Dieu bénisse nos efforts ! Un grand peuple qui défend une cause juste est invincible.

NAPOLÉON.

PROCLAMATION DE L'EMPEREUR A LA FLOTTE DE LA BALTIQUE

Officiers et marins,

Quoique je ne sois pas au milieu de vous, ma pensée vous suivra sur ces mers où votre valeur va se déployer.

La marine française a de glorieux souvenirs; elle se montrera digne de son passé.

Lorsque, loin du sol de la patrie, vous vous trouverez en face de l'ennemi, songez que la France est avec vous, que son cœur bat avec le vôtre, et qu'elle appelle sur vos armes la protection du ciel.

Pendant que vous combattrez sur mer, vos frères de l'armée de terre lutteront avec la même ardeur pour la même cause que vous. Secondez réciproquement vos efforts, que couronnera le même succès.

Allez, montrez avec orgueil nos couleurs nationales. En voyant le drapeau tricolore flotter sur nos vaisseaux, l'ennemi saura que partout il porte dans ses plis l'honneur et le génie de la France.

NAPOLÉON.

Palais de Saint-Cloud, 23 juillet 1870.

(Cette proclamation a été lue par l'impératrice à bord de la frégate-amiral la *Surveillante*, à Cherbourg.)

———

Paris, le 26 juillet 1870.

Le maréchal major général télégraphie à l'Empereur que le général de Bernis vient de battre une reconnaissance ennemie en avant de Niederbronn. Un officier bavarois tué, et deux faits prisonniers.

———

DÉCRET CONFÉRANT LA RÉGENCE A L'IMPÉRATRICE

Napoléon, etc.

Voulant donner à notre bien-aimée épouse, l'Impératrice, des marques de la confiance que nous avons en elle,

Et attendu que nous sommes dans l'intention de nous mettre à la tête de l'armée,

Nous avons résolu de conférer, comme nous conférons par ces présentes, à notre bien-aimée épouse l'Impératrice, le titre de régente, pour en exercer les fonctions dès que nous aurons quitté notre capitale, en conformité de nos instructions et de nos ordres, tels que nous les aurons fait connaître dans l'ordre général du service que nous aurons établi et qui sera transcrit sur le livre d'État.

Entendons qu'il soit donné connaissance à nos ministres desdits ordres et instructions, et qu'en aucun cas l'Impératrice ne puisse s'écarter de leur teneur dans l'exercice des fonctions de régente.

Voulons que l'Impératrice préside en notre nom le conseil des ministres. Toutefois, notre intention n'est point que l'Impératrice régente puisse autoriser par sa signature la promulgation d'aucune loi, autre que celles qui sont actuellement pendantes devant le Sénat, le Corps législatif et le conseil d'État, nous référant, à cet égard, au contenu des ordres et instructions mentionnés ci-dessus.

Mandons à notre Garde des sceaux, ministre de la justice et des cultes, de donner communication des présentes lettres patentes au Sénat, qui les fera transcrire sur les registres et de les faire publier au *Bulletin des lois*.

Paris, le 27 juillet 1870.

Proclamation de l'Empereur à l'armée du Rhin

SOLDATS,

Je viens me mettre à votre tête pour défendre l'honneur et le sol de la patrie.

Vous allez combattre une des meilleures armées de l'Europe; mais d'autres, qui valaient autant qu'elle, n'ont pu résister à votre bravoure. Il en sera de même aujourd'hui.

La guerre qui commence sera longue et pénible, car elle aura pour théâtre des lieux hérissés d'obstacles et de forteresses; mais rien n'est au-dessus des efforts persévérants des soldats d'Afrique, de Crimée, de Chine, d'Italie et du Mexique. Vous prouverez une fois de plus ce que peut une armée française animée du sentiment du devoir, maintenue par la discipline, enflammée par l'amour de la patrie.

Quel que soit le chemin que nous prenions hors de nos frontières, nous y trouverons les traces glorieuses de nos pères. Nous nous montrerons dignes d'eux. La France entière vous suit de ses vœux ardents, et l'univers a les yeux sur vous. De nos succès dépend le sort de la liberté et de la civilisation.

Soldats, que chacun fasse son devoir, et le Dieu des armées sera avec nous!

NAPOLÉON.

Au quartier général de Metz, le 28 juillet 1870.

Paris, le 2 août 1870.

Aujourd'hui, 2 août, à onze heures du matin, les troupes françaises ont eu un sérieux engagement avec les troupes prussiennes.

Notre armée a pris l'offensive, franchi la frontière et envahi le territoire de la Prusse.

Malgré la force de la position ennemie, quelques-uns de nos bataillons ont suffi pour enlever les hauteurs qui dominent Sarrebruck, et notre artillerie n'a pas tardé à chasser l'ennemi de la ville. L'élan de nos troupes a été si grand que nos pertes ont été légères.

L'engagement, commencé à onze heures, était terminé à une heure.

L'empereur assistait aux opérations, et le prince impérial, qui l'accompagnait partout, a reçu, sur le premier champ de bataille de la campagne, le baptême du feu.

Metz, le 3 août 1870.

Hier, lorsqu'on a occupé les hauteurs de Sarrebruck, une batterie de mitrailleuses a été mise en position en présence de l'empereur. L'empereur avait ordonné qu'on ne tirât que s'il y avait nécessité.

Les Prussiens, en effet, étant cachés dans les ravins ou dans des maisons au lieu d'être disséminés en tirailleurs, on ne pouvait se servir utilement de notre nouvelle artillerie.

Mais bientôt on aperçut un peloton ennemi qui défilait sur le chemin de fer de la rive droite, à une distance de 1,600 mètres. On dirigea sur lui les mitrailleuses, et, en un clin d'œil, le groupe fut dispersé, laissant la moitié de ses hommes par terre. Un second peloton se hasarda de nouveau sur la même ligne et subit le même sort.

Dès lors, personne n'osa plus passer sur le chemin de fer. Les officiers d'artillerie français sont enthousiasmés des effets des mitrailleuses.

Parmi les prisonniers prussiens se trouvent plusieurs volontaires qui appartiennent à des familles aisées, et qui s'engagent pour une année.

Le maréchal Bazaine a eu un engagement avec les tirailleurs ennemis. Plusieurs Prussiens ont été tués, et aucun des nôtres n'a été blessé.

Paris, le 5 août 1870, midi 45 m.

Trois régiments de la division du général Douai et une brigade de cavalerie légère ont été attaqués à Wissembourg par des forces très-considérables, massées dans les bois qui bordent la Lauter.

Ces troupes ont résisté pendant plusieurs heures aux attaques de l'ennemi, puis se sont repliées sur le Col-du-Pigeonnier, qui commande la ligne de Bitche.

Le général Abel Douai a été tué.

Une de nos pièces est tombée au pouvoir de l'ennemi.

Le maréchal Mac-Mahon concentre sur les lieux les forces placées sous son commandement.

Paris, le 5 août 1870, 4 h. 30 m.

Le maréchal Mac-Mahon occupe, avec son corps d'armée, une forte position. On est en communication télégraphique avec tous les corps de l'armée.

Les troupes françaises qui, au nombre de 7 à 8,000 hommes, ont été engagées devant Wissembourg, ont eu affaire à deux corps d'armée, parmi lesquels se trouvaient des troupes d'élite appartenant à la garde prussienne. Malgré l'infériorité du nombre, nos régiments ont résisté pendant plusieurs heures avec un héroïsme admirable, et, lorsqu'ils se sont repliés, les pertes de l'ennemi étaient si considérables qu'il n'a pas osé les suivre.

Tandis qu'à Sarrebruck nous avons coupé la ligne prussienne, la nôtre n'a pas été coupée.

Paris, le 6 août 1870, 1 heure.

Aujourd'hui, les corps d'armée, massés aux environs de Metz, font des mouvements stratégiques. Demain et après-demain, plus longtemps encore peut-être, ces marches continueront, sans qu'il soit possible de dire à quel moment et sur quel point on se concentrera. L'ennemi paraît vouloir tenter quelque chose sur notre territoire, ce qui nous donnerait de grands avantages stratégiques.

Metz, le 7 août 1870.

Le maréchal Mac-Mahon a perdu une bataille sur la Sarre. Le général Frossard a été obligé de se retirer. Cette retraite s'opère en bon ordre. Tout peut se rétablir.

NAPOLÉON.

Metz, le 7 août 1870, 3 h. 30 m.

Mes communications étant interrompues avec le maréchal Mac-Mahon, je n'ai pas eu de nouvelles de lui jusqu'à hier. C'est le général de Laigle qui m'a annoncé que le maréchal avait perdu une bataille contre des forces considérables, et qu'il se retirait en bon ordre.

D'un autre côté, sur la Sarre, un engagement a commencé vers une heure. Il ne paraissait pas très-sérieux, lorsque petit à petit les masses ennemies se sont accrues considérablement, cependant sans obliger le 2e corps à reculer. Ce n'est qu'entre six et sept heures du soir que les masses ennemies, devenant toujours plus compactes, le 2e corps et les régiments qui le soutiennent se sont retirés sur les hauteurs. La nuit a été calme. Je vais me placer au centre de la position.

NAPOLÈON.

Le Major général au ministre de l'intérieur

Metz, le 7 août 1870, 1 h. 30 m.

« Après une série d'engagements dans lesquels l'ennemi a déployé des forces considérables, le maréchal Mac-Mahon s'est replié en arrière de sa première ligne.

« Le corps du général Frossard a eu à lutter, hier, depuis deux heures contre une armée ennemie tout entière. Après avoir tenu dans ses positions jusqu'à six heures, il a opéré sa retraite en bon ordre.

« Les détails sur nos pertes manquent. Nos troupes sont pleines d'élan. La situation n'est pas compromise; mais l'ennemi est sur notre territoire, et un sérieux effort est nécessaire. Une bataille paraît imminente. »

En présence de ces graves nouvelles, notre devoir est

2

tracé. Nous faisons appel au patriotisme et à l'énergie de tous.

Les Chambres sont convoquées.

Nous mettons d'urgence Paris en état de défense; pour faciliter l'exécution des préparatifs militaires, nous déclarons l'état de siége.

Pas de défaillances! pas de divisions! Nos ressources sont immenses. Luttons avec fermeté, et la patrie sera sauvée.

Paris, le 7 août 1870.

Par l'impératrice régente,

Le garde des sceaux,
Ministre de la justice et des cultes,
ÉMILE OLLIVIER.

Le ministre des affaires étrangères,
Duc DE GRAMONT.

Le ministre de l'intérieur,
CHEVANDIER DE VALDRÔME.

Le ministre des finances,
SEGRIS.

Le ministre de la guerre par intérim,
Général vicomte DEJEAN.

Le ministre de l'agriculture et du commerce,
LOUVET.

Le ministre de la marine et des colonies,
Amiral RIGAULT DE GENOUILLY.

Le ministre des travaux publics,
PLICHON.

Le ministre de l'instruction publique,
MÉGE.

Le ministre des lettres, sciences et beaux-arts,
MAURICE RICHARD.

Le ministre président le Conseil d'État,
E. DE PARIEU.

Le Major général au ministre de l'intérieur

Metz, le 7 août 1870, 5 h. 20 matin.

Dans l'affaire d'hier, les Prussiens ont tiré sur l'ambulance établie à Forbach. Ils ont mis le feu à la ville.

Metz, le 7 août 1870, 6 h. matin.

Dans l'affaire qui a eu lieu hier à Forbach, il n'y a eu que le 3e corps engagé, soutenu par deux divisions des autres corps.

Le corps du général Ladmirault, celui du général de Failly et la garde n'ont pas combattu.

Le combat a commencé à une heure et semblait sans importance, mais bientôt de nombreuses troupes se sont embusquées dans les bois, essayant de tourner la position.

A cinq heures, les Prussiens semblaient repoussés et renoncèrent à l'attaque; mais un nouveau corps arrivant de Werden sur la Sarre, obligea le général Frossard à se retirer.

Aujourd'hui, les troupes qui se trouvaient divisées se concentrent sur Metz. Dans la bataille qui a eu lieu près de Frœschwiller, le maréchal Mac-Mahon avait cinq divisions. Le corps d'armée du général de Failly n'avait pas pu le rejoindre.

On n'a que des détails très-vagues. On dit qu'il y a eu plusieurs charges de cavalerie; mais les Prussiens avaient des mitrailleuses qui nous firent beaucoup de mal.

NAPOLÉON.

Metz, le 7 août 1870, 8 h. 25 m.

Le moral des troupes est excellent. La retraite s'effectuera en très-bon ordre.

On n'a pas de nouvelles de Frossard, qui paraît cependant s'être retiré cette nuit en bon ordre.

NAPOLÉON.

Metz, le 7 août 1870, 8 h. 30 m.

Mac-Mahon, après la bataille de Reichshoffen, s'est retiré en couvrant la route de Nancy. Le corps de Frossard a été fortement atteint. On prend des mesures énergiques pour se défendre. Le major général est aux avant-postes.

Metz, le 7 août 1870, 12 h. 25 m.

Le maréchal Mac-Mahon a éprouvé un sérieux échec à Reichshoffen. Il se replie et couvre Nancy. Les troupes qui sont autour de Metz sont dans d'excellentes positions. Ce matin, trois corps d'armée tout entiers n'avaient pas encore donné. Les pertes de l'ennemi sont très-considérables et ralentissent sa marche.

L'épreuve est sérieuse, mais elle n'est pas au dessus des efforts de patriotisme de la nation. Il n'est pas possible de préciser le chiffre de nos pertes. Le mouvement de retraite et de concentration s'accomplit. Le général Coffinières organise la défense.

(Correspondance du quartier général.)

Metz, le 7 août 1870, 3 h. 55 m.

L'ennemi n'a pas poursuivi vivement Mac-Mahon. Depuis hier soir, il a cessé toute poursuite.

Le maréchal concentre ses troupes.

NAPOLÉON.

Metz, le 7 août 1870, 9 h. 30 soir.

Dans la bataille de Frœschwiller, près Reichshoffen, le maréchal Mac-Mahon a eu son chef d'état-major, le général Colson, tué à ses côtés. Le général Raoul a disparu. Notre artillerie a beaucoup souffert. Le maréchal est en communication avec le général de Failly.

Metz se prépare à une vigoureuse défense. Le commandant supérieur de la place a ordonné aux étrangers allemands de se munir de permis de séjour.

(Corr. du quartier général.)

Proclamation de l'Impératrice

FRANÇAIS,

Le début de la guerre ne nous est pas favorable ; nos armes ont subi un échec. Soyons fermes dans le revers, et hâtons-nous de le réparer. Qu'il n'y ait parmi nous qu'un seul parti, celui de la France, qu'un seul drapeau, celui de l'honneur national.

Je viens au milieu de vous, fidèle à ma mission et à mon devoir ; vous me verrez la première au danger pour défendre le drapeau de la France.

J'adjure tous les bons citoyens de maintenir l'ordre. Le troubler, serait conspirer avec nos ennemis.

Fait au palais des Tuileries, le 7 août 1870.

L'Impératrice régente,
EUGÉNIE.

Metz, le 8 août 1870, 10 h. 40 matin.

Le général de Failly est en communication avec Mac-Mahon. Le moral de l'armée est excellent. Il n'y a pas eu d'attaque depuis ma dépêche d'hier. Dans la bataille de Frœschwiller, 140,000 hommes ont attaqué le corps de Mac-Mahon, fort de 33,000 hommes.

(*Corr. du quartier général.*)

Metz, le 8 août 1870, 1 h. soir.

L'ennemi ne paraît pas avoir fait de mouvements. Notre armée se concentre.

(*Corr. du quartier général.*)

Metz, le 8 août 1870, 10 h. 15 soir.

Le corps du général de Failly, qui n'a pas été engagé, rallie l'armée. Il n'a pas été inquiété. Le maréchal Mac-Mahon exécute les mouvements qui lui ont été prescrits. Il n'y a pas eu d'engagement dans la journée.

(*Corr. du quartier général.*)

Metz, le 9 août 1870, 8 h. 55 m.

L'armée est en grande partie concentrée en avant de Metz. Le maréchal Bazaine a la direction des opérations. Le corps du général Frossard se retire en bon ordre sur Metz. Nuit calme.

L'empereur vient de se rendre au quartier du maréchal Bazaine.

(*Corr. du quartier général.*)

Metz, le 9 août 1870, 1 h. 50 soir.

L'empereur s'est rendu ce matin au quartier général du maréchal Bazaine, qui prend le commandement des troupes réunies sous Metz.

Le général Decaen a été placé à la tête du 3e corps.

Tout le monde aspire avec ardeur à reprendre la lutte. Les dispositions sont excellentes. Tous les corps sont en communication.

Le maréchal Mac-Mahon a rallié la plus grande partie de son armée et se replie en bon ordre sur Nancy.

(Corr. du quartier général.)

Metz, le 9 août 1870, 9 h. 25 soir.

Il n'y a eu aucun engagement important sur le front de l'armée du maréchal Bazaine.

On a exécuté quelques reconnaissances de cavalerie, qui ont donné des indications sur les positions de l'ennemi.

Dans l'une d'elles, un escadron de hussards s'est mesuré avec des uhlans prussiens. De notre côté, il y a eu un officier tué et un officier blessé. La reconnaissance ennemie a été refoulée.

(Corr. du quartier général.)

Metz, le 10 août 1870, 4 h. 50 soir.

Les détails manquent encore sur la bataille de Frœschwiller. Le maréchal Mac-Mahon y a eu un cheval tué sous lui. Une brigade de cavalerie de réserve et une division du corps du général de Failly, arrivées sur le champ de bataille à la fin de la journée, ont couvert la retraite.

La poursuite de l'ennemi, très-éprouvé également, n'a été vive qu'au début. Le maréchal, après être resté vingt-cinq heures à cheval, a passé la journée du 7 à Saverne, qui a été occupé le soir par les Prussiens. On signale de loin en loin la présence de quelques coureurs ennemis ; mais la poursuite à l'arrière-garde du corps du maréchal Mac-Mahon ne paraît pas avoir été vive.

(Corr. du quartier général.)

Paris, le 12 août 1870, midi.

Une dépêche annonce que les communications avec Strasbourg sont interrompues. Aux dernières nouvelles, les Prussiens se massaient autour de la ville.

Metz, le 12 août 1870, 6 h. 10 soir.

Le Major général a résigné ses fonctions, ainsi que le général Lebrun, premier aide-major général. Quelques éclaireurs ennemis se sont portés à la gare de Frouard. Ils ont été repoussés. Leur officier a été fait prisonnier.

(*Corr. du quartier général.*)

Metz, le 13 août 1870, 10 h. 45 matin.

Des coureurs ennemis se sont répandus, hier, dans la vallée de la Moselle.

Un détachement a occupé un instant Pont-à-Mousson. La brigade de cavalerie Marguerite l'en a délogé après un combat où nous avons fait une trentaine de prisonniers.

On continue à saisir de nombreux espions.

(*Corr. du quartier général.*)

Paris, le 14 août 1870.

Les correspondances télégraphiques sont interrompues entre Paris et Nancy, qui est occupé par un détachement de cavalerie ennemie.

Metz, le 14 août 1870, 1 h. 40 soir.

Hier, de fortes colonnes ennemies se sont présentées à quelque distance de nos campements. Ce matin, elles s'étaient éloignées. La voie ferrée est interceptée entre

Frouard et Metz. Des compagnies de francs-tireurs marchent en grand nombre. Des approvisionnements considérables sont arrivés dans la place de Metz. Il n'y a à signaler que quelques engagements d'éclaireurs.

(Corr. du quartier général.)

Paris, le 14 août 1870, 6 h. soir.

L'ennemi est à Vigneulles, et sera probablement ce soir à Saint-Mihiel.

L'Empereur à l'Impératrice

Longeville, le 14 août 1870.

L'armé a commencé à passer sur la rive gauche de la Moselle. Le matin, nos reconnaissances n'avaient signalé la présence d'aucun corps; mais lorsque la moitié de l'armée a eu passé, les Prussiens ont attaqué en grande force. Après une bataille de quatre heures, ils ont été repoussés avec de grandes pertes.

NAPOLÉON.

Proclamation de l'Empereur

Metz, le 14 août 1870.

En vous quittant pour aller combattre l'invasion, je confie à votre patriotisme la défense de cette grande cité. Vous ne permettrez pas que l'étranger s'empare de ce boulevard de la France, et vous rivaliserez de dévouement et de courage avec l'armée.

Je conserverai le souvenir reconnaissant de l'accueil que j'ai trouvé dans vos murs, et j'espère que, dans des temps plus heureux, je pourrai revenir vous remercier de votre noble conduite.

NAPOLÉON.

Sous-préfet à Intérieur

Toul, le 14 août 1870.

Les Prussiens ont été signalés à 1,500 mètres de la ville, vers deux heures de l'après-midi. Une reconnaissance faite par des gendarmes et des cuirassiers a rencontré un détachement de 200 uhlans. Échange de coups de feu. Un parlementaire s'est présenté et a sommé la place de se rendre ; il s'est retiré après un refus énergique.

Préfet des Vosges à Intérieur

Épinal, le 15 août 1870, 9 h. matin.

Bitche pas pris. La place tient bon. Alentour, portée de canon, libre. Le fort surveillé de près. Phalsbourg tient bon.

Metz, le 17 août 1870, 3 h. 15 soir.

Hier, 16, il y a eu une affaire très-sérieuse du côté de Gravelotte. Nous avons eu l'avantage dans le combat, mais nos pertes sont grandes.

Cte DE PALIKAO.

Dépêche du maréchal Bazaine

Metz, le 17 août 1870, 4 h. soir.

Hier, pendant toute la journée, j'ai livré bataille à l'armée prussienne entre Doncourt et Vionville. L'ennemi a été repoussé et nous avons passé la nuit sur les positions conquises. J'arrête pendant quelques heures mon mouvement pour mettre mes munitions au grand complet.

Nous avons eu devant nous le prince Frédéric-Charles et le général Steinmetz.

Le ministre de la guerre,

Cte DE PALIKAO.

Le maréchal, commandant en chef, à Intérieur

Verdun, le 17 août 1870, 8 h. 5 soir.

Quartier général, le 16 août.

Ce matin, vers neuf heures, les corps d'armée commandés par le prince Frédéric-Charles, ont dirigé une attaque très-vive sur la droite de notre position. La division de cavalerie du général Forton et le 2e corps d'armée, commandé par le général Frossard, ont fait bonne contenance. Les corps échelonnés à droite et à gauche de Rezonville sont venus successivement prendre part à l'action, qui a duré jusqu'à la nuit tombante.

L'ennemi avait déployé des forces considérables, et a essayé, à plusieurs reprises, des retours offensifs, qui ont été vigoureusement repoussés. A la fin de la journée, un nouveau corps d'armée a cherché à déborder notre gauche. Nous avons partout maintenu nos positions et infligé à l'ennemi des pertes considérables. Les nôtres sont sérieuses.

Le général Bataille a été blessé. Au plus fort de l'action, un régiment de uhlans a chargé l'état-major du maréchal : vingt hommes de l'escorte ont été mis hors de combat. Le capitaine qui la commandait a été tué. A huit heures du soir, l'ennemi était refoulé sur toute la ligne. On estime à 120,000 hommes le chiffre des troupes engagées.

Paris, le 18 août 1870.

Dans l'affaire du 16, le corps du général Ladmirault formait l'extrême droite de l'armée. Un bataillon du 73ᵉ de ligne a détruit un régiment de lanciers prussiens et lui a enlevé son étendard. Il y a eu plusieurs charges de cavalerie très-brillantes. Dans l'une d'elles, le général Legrand a été tué en chargeant à la tête de sa division. Le général Montaigne, disparu. Les généraux prussiens Dœring et Wedel ont été tués; les généraux Grueder et Von-Rauch sont blessés. Le prince Albert de Prusse, commandant la cavalerie, aurait été tué. A la chute du jour, nous étions maîtres des positions précédemment occupées par l'ennemi.

Le lendemain, 17, il y a eu près de Gravelotte quelques combats d'arrière-garde. On peut estimer approximativement à 150,000 hommes les forces que l'ennemi avait engagées contre nous dans la journée du 16.

(Corr. du quartier général.)

Paris, le 20 août 1870.

Dans la séance de la Chambre de ce jour, le général comte de Palikao, pour répondre à la dépêche signée du roi de Prusse et publiée par les journaux étrangers, qui attribue à son armée un grand avantage sur les troupes françaises dans la journée du 18, a fait connaître que, d'après ses informations, les trois corps d'armée prussiens réunis contre le maréchal Bazaine auraient été repoussés dans les carrières de Jaumont.

Paris, le 26 août 1870.

Le ministre de l'intérieur a annoncé à la tribune que le corps d'armée du Prince royal continuait sa marche sur Châlons et Troyes, et que les mesures étaient prises par le Comité de défense pour la défense de Paris.

Paris, le 26 août 1870.

Le bombardement de Strasbourg continue. De forts détachements de cavalerie prussienne ont attaqué Doulevant et les communes voisines. Ils paraissent se diriger sur Brienne.

Des cuirassiers prussiens ont campé à Saint-Remy et dans les environs.

Deux bataillons de la garde mobile de la garnison de Toul ont, dans une sortie, fait éprouver des pertes sérieuses à l'ennemi.

Communication du Ministère de l'intérieur

Paris, le 26 août 1870.

Des coureurs ennemis auraient été vus à Brienne. Les uhlans signalés dans l'arrondissement de Langres se replient sur un corps d'armée qui marche vers Châlons. Le Prince royal était, dit-on, à Saint-Dizier, le 23. La moitié des troupes assiégeant Toul se dirige vers Nancy. Toul se défend héroïquement. Le bombardement n'a mis que 13 hommes hors de combat. Les assiégeants ont éprouvé des pertes sérieuses. Les mobiles vont au feu avec la plus grande ardeur. L'ennemi se dirige vers Varennes. Les populations des environs de Stenay se défendent héroïquement contre les Prussiens et leur font beaucoup de mal.

Phalsbourg continue à faire une défense héroïque. L'église et 51 maisons ont été brûlées par les obus prussiens. Les ennemis, à une première tentative d'assaut, ont laissé 500 et à une seconde 1,000 des leurs. La ville est approvisionnée et a refusé les offres de ravitaillement qui lui ont été faites. Sommé pour la quatrième fois de se rendre, le commandant a répondu qu'il ne recevrait plus aucun parlementaire, et que si les Prussiens arrivaient sur les remparts, il les ferait sauter plutôt que de livrer la place.

Sous-Préfet de Verdun à Intérieur.

Verdun, le 25 avril 1870.

Hier, 24 août, à neuf heures du matin, Verdun a été de nouveau attaqué par un corps prussien de 8 à 10,000 hommes, commandé par le prince de Saxe. 4,000 environ ont été engagés, infanterie et artillerie. Après un combat très-vif de trois heures, pendant lequel plus de trois cents obus ont été lancés contre la ville, les Prussiens, fort maltraités par notre artillerie, ont été repoussés sur toute la ligne. Les pertes sont considérables. Nos pièces, servies en majeure partie par la garde nationale sédentaire, ont fait de grands ravages. Nous avons eu cinq hommes tués, douze blessés dont quatre grièvement.

L'ennemi a tiré sur l'ambulance de l'évêché, qui a reçu dix-sept projectiles, y a tué deux personnes de service et blessé une troisième. La population a été admirable de patriotisme et de mâle énergie.

Rapport à l'Impératrice

Paris, le 29 août 1870.

MADAME,

Dans la journée de vendredi, soixante-quinze uhlans sont entrés à Epernay et ont envahi la gare du chemin de fer. Repoussés vigoureusement par quelques soldats du génie, ces éclaireurs ont pris la fuite, laissant plusieurs prisonniers entre nos mains. Le soir même, le maire d'Epernay, M. Auban-Moët-Romont adressait une proclamation à ses administrés et leur recommandait de ne pas s'opposer à la marche de l'ennemi. Je propose à Votre Majesté la révocation de ce fonctionnaire qui a manqué à ses devoirs et qui m'adresse aujourd'hui sa démission, datée du Havre.

Le ministre de l'intérieur,

HENRI CHEVREAU.

———

Paris, le 29 août 1870.

Le sous-préfet de Schlestadt annonce qu'un feu très-vif est ouvert depuis deux jours contre Strasbourg.

———

Proclamation

DU CONSEIL DES MINISTRES AU PEUPLE FRANÇAIS

Paris, le 3 septembre 1870.

FRANÇAIS,

Un grand malheur frappe la patrie.

Après trois jours de luttes héroïques soutenues par l'armée du maréchal de Mac-Mahon contre 300,000 ennemis, 40,000 hommes ont été faits prisonniers.

Le général Wimpffen, qui avait pris le commandement de l'armée, en remplacement du maréchal Mac-Mahon, grièvement blessé, a signé une capitulation (Sedan).

Ce cruel revers n'ébranle pas notre courage.

Paris est aujourd'hui en état de défense.

Les forces militaires du pays s'organisent.

Avant peu de jours, une nouvelle armée sera sous les murs de Paris. Une autre armée se forme sur les rives de la Loire.

Votre patriotisme, votre union, votre énergie sauveront la France.

L'empereur a été fait prisonnier dans la lutte.

Le gouvernement, d'accord avec les pouvoirs publics, prend toutes les mesures que comporte la gravité des événements.

Le conseil des ministres :

Cômte DE PALIKAO, H. CHEVREAU, Amiral RI- GAULT DE GENOUILLY, JULES BRAME, Prince DE LA TOUR-D'AUVERGNE, GRANDPERRET, CLÉMENT DUVERNOIS, MAGNE, BUSSON-BIL- LAULT, JÉRÔME DAVID.

Proclamation

adressée par le général Wimpffen aux troupes, avant la capitulation de Sedan.

SOLDATS !

Hier, vous avez combattu contre des forces très-supé-rieures. Depuis le point du jour jusqu'à la nuit, vous avez résisté à l'ennemi avec la plus grande valeur et brûlé jusqu'à la dernière cartouche. Épuisés par cette lutte, vous n'avez pu répondre à l'appel qui vous a été fait par vos généraux et par vos officiers pour tenter de gagner la route de Montmédy et de rejoindre le maréchal Ba-zaine.

Deux mille hommes seulement ont pu se rallier pour tenter un suprême effort. Ils ont dû s'arrêter au village de Balan et rentrer à Sedan, où votre général a constaté avec douleur qu'il n'existait ni vivres, ni munitions de guerre.

On ne pouvait songer à défendre la place, que sa situa-tion rend incapable de résister à la nombreuse et puis-sante artillerie de l'ennemi.

L'armée réunie dans les murs de la ville ne pouvant ni en sortir, ni la défendre, les moyens de subsistance manquant pour la population et pour les troupes, j'ai dû prendre la triste détermination de traiter avec l'ennemi.

Envoyé hier au quartier général prussien avec les pleins pouvoirs de l'empereur, je ne pus d'abord me résigner à accepter les clauses qui m'étaient imposées.

Ce matin seulement, menacé d'un bombardement auquel nous n'aurions pu répondre, je me suis décidé à de nouvelles démarches, et j'ai obtenu des conditions dans lesquelles vous sont évitées, autant qu'il a été possible, les formalités blessantes que les usages de la guerre entraînent le plus souvent en pareille circonstance.

Il ne nous reste plus, officiers et soldats, qu'à accepter avec résignation les conséquences des nécessités contre lesquelles une armée ne peut lutter : manque de vivres et manque de munitions pour combattre.

J'ai du moins la consolation d'éviter un massacre inutile, et de conserver à la patrie des soldats susceptibles de rendre encore dans l'avenir de bons et brillants services.

Le général commandant en chef,
DE WIMPFFEN.

République française

Proclamée à Paris à l'Hôtel-de-Ville, le 4 septembre 1870.

Un gouvernement provisoire de défense nationale, composé de onze membres, tous députés à Paris, a été constitué et ratifié par l'acclamation populaire. Les noms sont : Emmanuel ARAGO, CRÉMIEUX, Jules FAVRE, FERRY, Léon GAMBETTA, GARNIER-PAGÈS, GLAIS-BIZOIN, E. PELLETAN, PICARD, ROCHEFORT, Jules SIMON.

Paris, le 4 septembre 1870.

La déchéance a été prononcée aujourd'hui au Corps législatif.

Le nouveau gouvernement est acclamé ; partout enthousiasme et pas le moindre désordre.

Le Corps législatif est dissous.

Le Sénat est aboli.

———————

Paris, le 4 septembre 1870.

Le général Trochu, gouverneur de Paris, a été nommé membre du gouvernement de la défense nationale. Il prend le portefeuille de la guerre, et ses collègues lui ont décerné la présidence.

COMPOSITION DU MINISTÈRE :

J. FAVRE, — Affaires étrangères ;

GAMBETTA, — Intérieur ;

FOURICHON, — Marine ;

CRÉMIEUX, — Justice ;

PICARD, — Finances ;

J. SIMON, — Instruction publique ;

DORIAN, — Travaux publics ;

MAGNIN, — Commerce.

M. Steenackers est nommé directeur des télégraphes.

———————

Paris, le 4 septembre 1870.

M. Emm. Arago est nommé maire de Paris.

M. de Kératry est nommé préfet de police.

———————

Paris, le 6 septembre 1870.

L'ennemi se rapproche de plus en plus de Paris. Nos troupes se replient sur la capitale. Le gouvernement et la population déploient une égale activité pour préparer la résistance.

———————

Circulaire

du Ministre des affaires étrangères aux agents diplomatiques de France.

MONSIEUR,

Les événements qui viennent de s'accomplir à Paris s'expliquent si bien par la logique inexorable des faits qu'il est inutile d'insister longuement sur leur sens et leur portée.

En cédant à un élan irrésistible, trop longtemps contenu, la population de Paris a obéi à une nécessité supérieure, celle de son propre salut.

Elle n'a pas voulu périr avec le pouvoir criminel qui conduisait la France à sa perte.

Elle n'a pas prononcé la déchéance de Napoléon III et de sa dynastie : elle l'a enregistrée au nom du droit, de la justice et du salut public.

Et cette sentence était si bien ratifiée à l'avance par la conscience de tous, que nul, parmi les défenseurs les plus bruyants du pouvoir qui tombait, ne s'est levé pour le soutenir.

Il s'est effondré de lui-même, sous le poids de ses fautes, aux acclamations d'un peuple immense, sans qu'une goutte de sang ait été versée, sans qu'une personne ait été privée de sa liberté.

Et l'on a pu voir, chose inouïe dans l'histoire, les citoyens auxquels le cri du peuple conférait le mandat périlleux de combattre et de vaincre, ne pas songer un instant aux adversaires qui la veille les menaçaient d'exécutions militaires. C'est en leur refusant l'honneur d'une répression quelconque qu'ils ont constaté leur aveuglement et leur impuissance.

L'ordre n'a pas été troublé un seul moment; notre confiance dans la sagesse et le patriotisme de la garde nationale et de la population tout entière, nous permet d'affirmer qu'il ne le sera pas.

Délivré de la honte et du péril d'un gouvernement traître à tous ses devoirs, chacun comprend que le premier acte de cette souveraineté nationale, enfin reconquise, est de se commander à soi-même et de chercher sa force dans le respect du droit.

D'ailleurs, le temps presse : l'ennemi est à nos portes; nous n'avons qu'une pensée, le repousser hors de notre territoire.

Mais cette obligation que nous acceptons résolûment, ce n'est pas nous qui l'avons imposée à la France ; elle ne la subirait pas si notre voix avait été écoutée.

Nous avons défendu énergiquement, au prix même de notre popularité, la politique de la paix. Nous y persévérons avec une conviction de plus en plus profonde.

Notre cœur se brise au spectacle de ces massacres humains dans lesquels disparaît la fleur des deux nations, qu'avec un peu de bon sens et beaucoup de liberté on aurait préservées de ces effroyables catastrophes.

Nous n'avons pas d'expression qui puisse peindre notre admiration pour notre héroïque armée, sacrifiée par l'impéritie du commandement suprême, et cependant plus grande par ses défaites que par les plus brillantes victoires.

Car, malgré la connaissance des fautes qui la compromettaient, elle s'est immolée, sublime, devant une mort certaine, et rachetant l'honneur de la France des souillures de son gouvernement.

Honneur à elle ! La nation lui ouvre ses bras ! Le pouvoir impérial a voulu les diviser, les malheurs et le devoir les confondent dans une solennelle étreinte. Scellée par le patriotisme et la liberté, cette alliance nous fait invincibles.

Prêts à tout, nous envisageons avec calme la situation qui nous est faite.

Cette situation, je la précise en quelques mots; je la soumets au jugement de mon pays et de l'Europe.

Nous avons hautement condamné la guerre, et, protestant de notre respect pour le droit des peuples, nous avons demandé qu'on laissât l'Allemagne maîtresse de ses destinées.

Nous voulions que la liberté fût à la fois notre lien commun et notre commun bouclier; nous étions convaincus que ces forces morales assuraient à jamais le maintien de la paix. Mais, comme sanction, nous réclamions une arme pour chaque citoyen, une organisation civique, des chefs élus; alors, nous demeurions inexpugnables sur notre sol.

Le gouvernement impérial, qui avait depuis longtemps séparé ses intérêts de ceux du pays, a repoussé cette politique. Nous la reprenons, avec l'espoir qu'instruite par l'expérience, la France aura la sagesse de la pratiquer.

De son côté, le roi de Prusse a déclaré qu'il faisait la guerre, non à la France, mais à la dynastie impériale.

La dynastie est à terre. La France libre se lève.

Le roi de Prusse veut-il continuer une lutte impie qui lui sera au moins aussi fatale qu'à nous?

Veut-il donner au monde du dix-neuvième siècle ce cruel spectacle de deux nations qui s'entre-détruisent, et qui, oublieuses de l'humanité, de la raison, de la science, accumulent les ruines et les cadavres?

Libre à lui; qu'il assume cette responsabilité devant le monde et devant l'histoire!

Si c'est un défi, nous l'acceptons.

Nous ne céderons ni un pouce de notre territoire, ni une pierre de nos forteresses.

Une paix honteuse serait une guerre d'extermination à courte échéance.

Nous ne traiterons que pour une paix durable.

Ici, notre intérêt est celui de l'Europe entière, et nous avons lieu d'espérer que, dégagée de toute préoccupation dynastique, la question se posera ainsi dans les chancelleries.

Mais, fussions-nous seuls, nous ne faiblirons pas.

Nous avons une armée résolue, des forts bien pourvus, une enceinte bien établie, mais surtout les poitrines de trois cent mille combattants décidés à tenir jusqu'au dernier.

Quand ils vont pieusement déposer des couronnes aux pieds de la statue de Strasbourg, ils n'obéissent pas seulement à un sentiment d'admiration enthousiaste, ils prennent leur héroïque mot d'ordre, ils jurent d'être dignes de leurs frères d'Alsace et de mourir comme eux.

Après les forts, les remparts ; après les remparts, les barricades. Paris peut tenir trois mois et vaincre ; s'il succombait, la France, debout à son appel, le vengerait ; elle continuerait la lutte, et l'agresseur y périrait.

Voilà, monsieur, ce que l'Europe doit savoir. Nous n'avons pas accepté le pouvoir dans un autre but. Nous ne le conserverions pas une minute si nous ne trouvions pas la population de Paris et la France entière décidées à partager nos résolutions.

Je les résume d'un mot devant Dieu qui nous entend, devant la postérité qui nous jugera : nous ne voulons que la paix. Mais si l'on continue contre nous une guerre funeste que nous avons condamnée, nous ferons notre devoir jusqu'au bout, et j'ai la ferme confiance que notre cause, qui est celle du droit et de la justice, finira par triompher.

C'est en ce sens que je vous invite à expliquer la situation à M. le ministre de la cour près de laquelle vous êtes accrédité, et entre les mains duquel vous laisserez copie de ce document.

Agréez, monsieur, l'expression de ma haute considération.

Le 6 septembre 1870.

Le ministre des affaires étrangères,
JULES FAVRE.

Nouvelles de la Guerre

L'ennemi est en marche sur Paris.

La défense de la capitale est assurée.

Le moment est venu d'organiser celle des départements qui l'environnent.

Des ordres sont expédiés aux préfets de la Seine, de Seine-et-Oise et de Seine-et-Marne, pour réunir tous les défenseurs du pays.

Ils seront appuyés par les compagnies franches de Paris et par les nombreuses troupes de cavalerie réunies aux environs.

Les commandants des corps francs se rendront immédiatement chez le président du gouvernement, gouverneur de Paris, pour y recevoir des instructions.

Chaque citoyen s'inspirera des grands devoirs que la patrie lui impose.

Le Gouvernement de la défense nationale compte sur le courage et le patriotisme de tous.

6 septembre 1870.

Le président du gouvernement de la Défense nationale, gouverneur de Paris,

Général TROCHU.

Les têtes de colonnes de l'armée prussienne sont toujours aux environs de Laon et Epernay.

* * *

La résistance de la ville de Toul continue malgré l'effort de l'ennemi. Le gouvernement de la défense nationale, vivement touché du dévouement de cette glorieuse cité, a décrété qu'elle a bien mérité de la patrie.

* * *

Renseignements sur le corps du général Vinoy

On a des informations précises sur le corps du général Vinoy.

Les bruits, en apparence contradictoires, qui avaient couru sur sa participation ou sa non-participation à la bataille de Sedan étaient également vrais.

Le corps entier du général Vinoy n'a pas été engagé ; mais une division, commandée par le général Blanchard, a pris part au combat.

Cette division et le général Vinoy n'ont pas été enveloppés par l'ennemi et on les attendait hier soir à Laon.

Les autres divisions du corps Vinoy rejoignent successivement Paris par la ligne du Nord. Les premières arrivées campent depuis hier au soir sur l'avenue de la Grande-Armée et sur le revers des fortifications, près de la porte Maillot.

* * *

Paris, le 7 septembre 1870.

Le général Vinoy est arrivé intact à Paris, à quatre heures du soir, avec treize trains d'artillerie, onze trains de cavalerie, quatorze trains d'infanterie.

Le matériel de tout le chemin du Nord, renforcé des matériels des autres compagnies, retourne immédiatement vers le Nord prendre le reste des troupes du général Vinoy.

Pour copie conforme :

Le ministre de l'intérieur,
Léon GAMBETTA.

Paris, le 8 septembre 1870, 2 h. soir.

L'ennemi s'avance sur Paris en trois corps d'armée. L'un est arrivé à Soissons, dans le département de l'Aisne. L'avant-garde de ce corps a sommé Laon, qui a fermé ses portes et résiste.

L'interruption des communications télégraphiques avec Epernay et Château-Thierry fait croire que l'ennemi est sur ces deux points.

Les communications subsistent avec Mézières, Epinal et Mulhouse.

On n'a aucune nouvelle du maréchal Bazaine. Le bruit qui court de la mort de Mac-Mahon n'est pas confirmé.

A Paris, ordre parfait ; les habitants ont accueilli avec de vives démonstrations de confiance l'assurance que les approvisionnements étaient largement suffisants pour deux mois.

Préfet à Intérieur

Melun, le 9 septembre 1870.

Le maire de La Ferté-sous-Jouarre informe officiellement le maire de Coulommiers qu'il s'attend à voir arriver les Prussiens ce soir, 9 septembre.

Maréchal Mac-Mahon à Guerre

Pourru-aux-Bois, le 9 septembre 1870.

J'ai l'honneur de vous faire connaître que j'ai obtenu des autorités militaires prussiennes l'autorisation de me faire transporter dans un petit village appelé Pourru-aux-Bois, situé à quelques heures de Sedan, dans la direction de la Belgique.

Étant prisonnier de guerre, je ne puis, d'après les termes de la capitulation, reprendre du service durant cette campagne; mais, comme après la catastrophe arrivée à l'armée dont j'ai eu le commandement, je veux, ainsi que l'ont fait la plus grande partie des officiers de l'armée, partager le sort de mes soldats, je demanderai, dès que l'état de ma blessure me le permettra, d'être transporté, ce qui aura lieu, d'après les médecins, dans cinq ou six semaines, je demanderai, dis-je, aux autorités prussiennes d'être interné dans une place quelconque de l'Allemagne.

Veuillez agréer, etc.

Le maréchal de France,
DE MAC-MAHON.

Melun, le 10 septembre 1870.

Préfet de Seine-et-Marne reçoit dépêche suivante du sous-préfet de Coulommiers :

« Prussiens sont à La Ferté-Gaucher et ont envahi le canton de Rebais. »

Le général au général commandant la division militaire.

Melun, le 10 septembre 1870.

Dépêche reçue du commandant des gardes forestiers, datée de La Ferté-sous-Jouarre :

« Cinq à six cents Prussiens sont à Château-Thierry depuis ce matin. »

Paris, le 10 septembre 1870.

Nos reconnaissances signalent que des détachements ennemis de 1,500 hommes de cavalerie et de 1,800 hommes d'infanterie sont partis ce matin de Château-Thierry dans la direction de La Ferté-sous-Jouarre, qui est occupé en ce moment.

Un détachement de même force, signalé, ce matin, à Montmirail, occupe Rebais, d'où il se dirige sur Coulommiers.

Léon Gambetta.

Paris, le 11 septembre 1870, 11 h. soir.

Le mouvement de l'ennemi s'accuse de plus en plus. Il a envahi le département de Seine-et-Marne.

Toutes les résolutions du gouvernement portant à une résistance énergique sont accueillies par l'opinion parisienne avec une confiante satisfaction.

Paris a l'aspect d'un immense camp. Les mobiles des départements affluent. La tranquillité publique est parfaite.

Sous-préfet à préfet, à Melun

Provins, le 12 septembre 1870, 3 heures soir.

Les uhlans sont arrivés à midi moins un quart. Ils sont repartis à deux heures, retournant du côté de Villiers-Saint-Georges et annonçant pour demain un corps de 20,000 hommes.

Préfet de la Haute-Marne à Guerre

Chaumont, le 12 septembre 1870, 5 h. 45 soir.

Hier matin, 2,500 Bavarois étaient à Vaucouleurs et 2,000 à Void.

Corbeil, le 12 septembre 1870.

Le pont de Corbeil saute ce soir à sept heures, et les autres successivement.

Maire de Chauny à Intérieur

Ternier, le 12 septembre 1870.

Un détachement de cuirassiers blancs est à Chauny et dans les environs, attendant le gros de l'armée pour assiéger Soissons. La Fère résiste.

Paris, le 12 septembre 1870.

La résolution prise par le gouvernement de demeurer à Paris pendant le siége a produit le meilleur effet.

Le général Trochu, président du gouvernement de la défense nationale, passera demain une revue générale des cent soixante bataillons de la garde nationale sédentaire de Paris. Les forts sont complétement armés. Les exercices des gardes mobiles continuent, et tout le monde se fortifie dans l'idée de la résistance la plus acharnée.

Les dernières nouvelles de la guerre signalent l'entrée des Prussiens à Nogent-sur-Seine.

Dans la matinée du 10, l'ennemi a essayé de forcer la place de Toul; il a été repoussé, et toutes ses batteries ont été démontées.

Le commandant de la place de Soissons, sommé de se rendre par des uhlans, a énergiquement refusé.

Préfet à Intérieur et à commandant à Belfort

Mulhouse, le 14 septembre 1870, 4 h. 25 soir.

Communications interrompues avec Colmar depuis onze heures du matin. Un corps ennemi assez important, avec artillerie, y occupe la ville.

Quelques préparatifs pour le passage du Rhin à Neuen-bourg, vis-à-vis Chalampé.

On parle de forces considérables s'avançant depuis Offenbourg.

Paris, le 14 septembre 1870, 6 h. 10 soir.

L'ordre du jour adressé par le général Trochu aux gardes nationaux sédentaires et mobiles, affiché ce soir dans Paris, atteste le grand effet de la revue d'hier. L'esprit de la population est excellent, et tout le monde est disposé aux plus grands sacrifices.

On a désormais la conviction que Paris, soutenu par la France organisée, est imprenable.

Les éclaireurs prussiens se sont présentés à Nogent-sur-Seine. Ils ont reculé devant l'attitude énergique de la population. Ils se sont aussi présentés à Mormant et à Nangis. Les troupes ennemies sont campées autour de la Croix-en-Brie, Gastins et de Clos-Fontaine.

Paris, le 16 septembre 1870, 1 h. 25 soir.

Les avant-gardes prussiennes ont paru à Joinville-le-Pont, à Alfort et à Melun.

Paris, le 17 septembre 1870.

Le mouvement des corps d'armée prussiens autour de Paris semble se dessiner très-nettement. Leur tête de colonne enveloppe tout le côté Est de la capitale, depuis le chemin de fer du Nord, qui est coupé à Pontoise, jusqu'au chemin de fer d'Orléans, que l'ennemi a détruit à Juvisy.

Paris, le 23 septembre 1870.

La garnison de Strasbourg a fait une sortie dans la nuit du 13 au 14. Les tranchées ont été surprises.

Le 3ᵉ Badois et un régiment Wurtembergeois ont été abîmés.

Dans la nuit du 17 au 18, assaut repoussé avec pertes énormes des assiégeants.

Gouvernement à Préfets et Sous-Préfets

Tours, le 24 septembre 1870.

Faites afficher, publier et connaître tout de suite, par tous les moyens possibles, la proclamation suivante :

« Avant l'investissement de Paris, M. Jules Favre, ministre des affaires étrangères, a voulu voir M. de Bismarck pour connaître les dispositions de l'ennemi.

« La Prusse veut continuer la guerre et réduire la France à l'état de second ordre. Elle veut l'Alsace et la Lorraine jusqu'à Metz par droit de conquête.

« La Prusse, pour consentir à un armistice, a osé demander la reddition de Strasbourg, de Toul et du Mont-Valérien.

« Paris, exaspéré, s'ensevelirait plutôt sous ses ruines. A d'aussi insolentes prétentions, on ne répond que par la lutte à outrance; la France accepte cette lutte et compte sur tous ses enfants. »

Gouvernement à Préfets et Sous-Préfets

Tours, le 30 septembre 1870.

Vous recevrez désormais, chaque jour, dépêche sommaire résumant nouvelles bonnes ou mauvaises, que vous publierez par tous les moyens.

Voici celles d'aujourd'hui :

Strasbourg, après avoir épuisé ses munitions, a capitulé à des conditions honorables pour garnison et rassurantes pour habitants.

Escadre Baltique rentrée à Cherbourg. Protection marine marchande assurée par deux escadres. Dans le Haut-Rhin, pas d'ennemis. Armée badoise malade et mécontente. Landwher refusant service. Nouvelles de Paris bonnes. Succès confirmés. Troisième ballon, hier matin, débarqué à Mantes, dit efforts de l'ennemi impuissants. Avons repris positions un moment perdues. Attitude de la population parfaite.

Gouvernement à Préfets et Sous-Préfets

Tours, le 1er octobre 1870, 1 h. 30 soir.

Voici résumé du *Journal officiel* de Paris des 26, 27, 28 et 29 septembre, reçu par ballon :

Attitude résolue de la population. Mesures énergiques du gouvernement.

Dans combat du 23, sous Paris, l'ennemi, fort de 8,000 hommes, a fait de grandes pertes. Nous avons eu 3 officiers blessés, 11 hommes tués, 86 blessés. Depuis lors, quelques reconnaissances bien conduites prouvent que les troupes de toutes catégories s'aguerrissent chaque jour. L'ennemi n'attaque presque plus et semble tenter d'établir ligne de circonvallation. Chacune de ses opérations surveillée et inquiétée.

Nouvelles de guerre de Nemours : on annonce corps prussien nombreux du côté d'Orléans. L'ennemi n'avance pas. Prince Albert est à Toury avec un millier d'hommes et canons. A Pithiviers, faible corps prussien ; le gros des forces ennemies, de ce côté, est entre Toury et Patay. Avant-hier, Estancelin, commandant garde nationale de Seine-Inférieure, et compagnie éclaireurs, fait brillante reconnaissance jusqu'au delà de Mantes, à travers pays occupé la veille par Prussiens.

De Rouen, 30 septembre, on dit engagement sérieux entre éclaireurs Mocquart et l'ennemi, composé de cavalerie, artillerie et infanterie. Éclaireurs auraient éteint le feu de l'ennemi. 300 Prussiens hors de combat.

Gouvernement à Préfets et Sous-Préfets

Tours, le 2 octobre 1870, 12 h. 20 m.

M. Tissandier, descendu avant-hier en ballon à Dreux, a apporté des nouvelles de Paris.

Pas d'affaires sérieuses jusqu'au 30 septembre matin. Physionomie de Paris excellente. Troupes et mobiles pleines de confiance; garde nationale prête à tous sacrifices et animée du plus courageux patriotisme. Paris, qui sent sa force, compte sur province pour harceler incessamment l'ennemi et peu à peu le prendre dans un cercle afin de l'acculer sur forts et fortifications, où il trouvera bon accueil.

Beauvais occupé par l'ennemi. On dit de Gournay qu'on se bat entre Saint-Germer et route de Beauvais. Mantes envahi par 4,000 Prussiens avec artillerie. On assure sous-préfet et maire de Rambouillet prisonniers. Quelques Prussiens à Épernon. Le sous-préfet de Neufchâteau certifie que, il y a trois jours, cercueil en plomb, couvert de drap d'or, venant du côté de Paris, est arrivé à Toul et reçu par 3,000 Mecklembourgeois qui forment garnison. Prussiens semblent consternés. Deux autres cercueils pareils venus depuis.

De Toul, on entendait depuis trois jours la canonnade dans la direction de Pont-à-Mousson. Général Uhrich arrivé à Tours.

Gouvernement à Préfets et Sous-Préfets

Tours, le 3 octobre 1870, 11 h. 45 m.

On annonce d'Épernon que l'ennemi, par petits corps, s'est présenté plusieurs fois et s'est retiré sur Rambouillet devant mobiles et garde nationale, appelés par le tocsin. Vers Saint-Léger, volontaires embusqués ont attaqué et détruit deux patrouilles de quatorze Prussiens. Pas d'engagement sérieux de ce côté. Résistances locales qui s'organisent rendent l'ennemi plus circonspect.

(Haut-Rhin.) L'ennemi franchit le Rhin à la hauteur de Mulhouse ; paraît se diriger vers cette ville et Schlestadt.

Un ballon, parti de Metz, le 27 septembre, est tombé à Baconville ; il portait quelques lettres pour le gouvernement et quinze mille pour des particuliers. La poste a reçu les lettres et les expédie.

Dépêche de Paris, signée Trochu, est arrivée par pigeon à préfet du Nord, qui l'a transmise à Tours. Le 30 septembre, les troupes sont sorties et ont fait reconnaissance vigoureuse ; ont occupé Chevilly et l'Hay et se sont avancées jusqu'à Thiais et Choisy-le-Roi, qui étaient occupés par Prussiens fortement retranchés. Après vifs engagements, artillerie et mousqueterie, troupes sont rentrées avec ordre remarquable dans leurs positions. Mobiles se sont montrés pleins d'ardeur. Avons fait pertes sensibles, non encore évaluées.

De Neufchâteau, on dit 1,000 cavaliers prussiens remontent vers Toul.

Gouvernement à Préfets et Sous-Préfets

Tours, le 4 octobre 1870, 12 h. 50 m.

L'ennemi a passé le Rhin la nuit, au pont de Chalampé. Pas de renseignements sur l'étendue de ses forces.

Mantes occupé par deux régiments de hussards, deux de dragons, deux de landwher avec vingt-cinq canons ; l'ennemi garde les abords de la ville. Comme il s'approchait de Bonnières, et était en force à Rolleboise, on a fait sauter le tunnel pour entraver sa marche.

Rien d'important du côté de Gournay. Pithiviers toujours occupé par 1,500 Prussiens qui pillent et ravagent environs d'Orléans. Général Neyau écrit que, le 2, le général de Longuerf, après reconnaissance, a chassé les Prussiens qui occupaient Artenay et faisaient réquisitions dans les villages environnants.

Ennemi se concentre à Toury, où il réunit de nombreux troupeaux.

On télégraphie de Chartres que francs-tireurs ont fait fuir à Viabon, hier, 200 cuirassiers blancs et leur ont repris des bestiaux enlevés.

Avons reçu *Officiel* de Paris du 30 septembre, contenant quelques nouvelles militaires sans importance et indiquant seulement la vigilance des assiégés.

Méfiez-vous des fausses nouvelles ; on en répand de tous côtés, que rien d'officiel ne justifie. Si nouvelle de grande importance arrivait, nous vous l'enverrions immédiatement par dépêche spéciale.

Gouvernement à Préfets et Sous-Préfets

Tours, le 7 octobre 1870, 11 h. 45 m.

Renseignements officiels augmentent l'importance du combat de Toury. Dans dépêche, erreur a fait croire que les cavaliers ennemis engagés étaient 500, tandis qu'ils étaient 4 à 5,000. Prussiens chassés de Toury, Joinville et villages voisins. Une vingtaine de prisonniers, parmi lesquels courrier du prince Albert. Gardes nationaux arrivent de 40 kilomètres à la ronde. Grand enthousiasme.

Prussiens ont été aussi repoussés d'Ymonville et des

environs par francs-tireurs et gardes nationaux levés en masse.

Un poste de trente hommes, à Bourdany, a été anéanti par turcos. De Voves, on annonce pays évacué au delà de Toury; ennemi se repliant sur Étampes. Épernon et Gallardon entièrement libres. Prussiens emportant fortes réquisitions. En somme, par suite du combat de Toury et du concours énergique prêté aux troupes par gardes nationaux, les départements du Loiret et d'Eure-et-Loir sont débarrassés des Prussiens, de leurs réquisitions et de leur pillage. Dans l'Eure, l'ennemi occupa avec forces nombreuses et artillerie Pacy-sur-Eure et Vernon. Colonel Cassag ne céda le terrain que pied à pied.

De Rouen, on annonce Prussiens repoussés de Gisors par gardes nationaux. 2,000 ennemis, avec artillerie, campent dans le bois de Gisors.

(Haut-Rhin.) On annonce qu'ennemi se dirige sur Neuf-Brisach; villages entre ce point et Chalampé occupés par beaucoup d'ennemis. Colmar occupé une heure par uhlans avec artillerie. On dit Mulhouse évacué par corps qui s'avance sur Altkirch.

On s'est battu toute la journée d'hier entre Laon et Bruyères contre 8 à 10,000 Prussiens avec artillerie. Pas de résultats. Général Dupré blessé. Avons gardé positions. Gardes nationaux se joignent aux troupes. Département de l'Aube débarrassé des Prussiens qui avaient envahi, ces jours derniers, quelques communes sur les bords de la Marne.

Gouvernement à Préfets et Sous-Préfets

Tours, le 8 octobre 1870, 1 h. 20 m.

Dépêche reçue d'Évreux :

Corps prussien qui marchait sur Évreux paraît se replier sur Mantes. Prussiens entrés, avant-hier, à Ablis, ont coupé les fils télégraphiques. 300 campés à 3 kilomètres.

De Montargis, on dit que six uhlans, entrés hier à Malesherbes, s'informent des positions de nos troupes.

Dépêche du préfet de l'Aisne :

Saint-Quentin, le 7 octobre, midi.

Prussiens signalés vers trois heures, attaqueront Saint-Quentin vers quatre heures matin. Irai avec gardes nationaux et pompiers défendre nos barricades. Ferons notre devoir en bons républicains.

— Gouvernement à Préfets

Tours, le 9 octobre 1870.

Du côté d'Évreux, Prussiens ont quitté Vernon et sont entrés en forces à Gisors.

De Chartres, on annonce, hier, avant-garde prussienne arrivée à Dreux. Préfet disant précéder corps de 5,000 hommes. A Maintenon, ennemis dans environs. Gardes mobiles prêts à répondre. Hier matin, à Ablis, cinq heures, francs-tireurs ont attaqué deux escortes de hussards et deux compagnies bavaroises barricadées dans les rues. Après feu très-vif, les nôtres ont emporté positions, pris 899 veaux, tué 3 chevaux. Prussiens ont pertes sérieuses; les nôtres faibles.

Pithiviers occupé par Français. Vedettes prussiennes en vue. Ennemi paraît se masser vers Étampes. Saint-Quentin a été occupé, hier, à dix heures du matin, par Prussiens qui furent repoussés avec ardeur admirable par garde nationale, francs-tireurs, pompiers et population de la ville. Barricade du faubourg d'Isle protégée par canal a été défendue pendant cinq heures et est encore occupée par citoyens qui se sont battus comme de **vieux soldats. Nous avons perdu dix hommes, douze** faits prisonniers ; parmi morts, deux officiers prussiens. Préfet de l'Aisne légèrement blessé à la jambe.

(Haut-Rhin.) Brisach entouré et bombardé par ennemi depuis le 7, vers deux heures. La place répond vigoureusement.

Gouvernement à Préfets et Sous-Préfets

Tours, le 9 octobre 1870.

Garibaldi est débarqué à Marseille le 7, à dix heures du soir ; reçu par autorités ; foule immense, enthousiasme indescriptible ; est arrivé à Tours aujourd'hui. Marche triomphale sur tout le parcours ; habitants des villes et des villages voisins encombrent la gare ; vivats et acclamations unanimes. Même accueil à son arrivée à Tours. Le général est à la préfecture, entouré des membres du gouvernement. Il est acclamé par la foule, qui a envahi le jardin.

Gambetta, ministre de l'Intérieur, parti de Paris par ballon, est descendu à Montdidier. Arrivé à Tours aujourd'hui, a été acclamé à son arrivée en gare.

CIRCULAIRE

Tours, le 9 octobre 1870.

Par décret du gouvernement de la défense nationale établi à Tours, rendu par l'initiative de M. Crémieux, et vu les instructions du gouvernement de Paris, M. Léon Gambetta, ministre de l'intérieur, a été chargé de l'administration de la guerre, que M. Crémieux avait prise par suite de la démission de l'amiral Fourichon.

Proclamation

Tours, le 9 octobre 1870, 9 h. soir.

CITOYENS DES DÉPARTEMENTS,

Par ordre du gouvernement de la République, j'ai quitté Paris pour venir vous apporter, avec des espérances du peuple renfermé dans ses murs, les instructions et les ordres de ceux qui ont accepté la mission de délivrer la France de l'étranger. Paris, depuis vingt jours étroitement investi, a donné au monde un spectacle unique, le spectacle de plus de deux millions d'hommes qui, oubliant leurs dissidences antérieures pour se serrer autour du drapeau de la République, ont déjà déjoué les calculs de l'envahisseur qui comptait sur la discorde civile pour lui ouvrir les portes de la capitale. La République avait trouvé Paris sans canons et sans armes; à l'heure qu'il est, on a armé 400,000 hommes de garde nationale, appelé 100,000 mobiles, groupé 60,000 hommes de troupes régulières. Les ateliers fondent des canons, les femmes fabriquent un million de cartouches par jour; la garde nationale est pourvue de deux mitrailleuses par bataillon; on lui fait des canons de campagne pour qu'elle puisse opérer bientôt des sorties contre les assiégeants. Les forts, occupés par la marine, ressemblent à autant de vaisseaux de haut bord immobiles, garnis d'une artillerie merveilleuse et servie par les premiers pointeurs du monde. Jusqu'à présent, et sous le feu de ces forts, l'ennemi a été impuissant à établir le moindre ouvrage. L'enceinte elle-même, qui n'avait que 500 canons le 4 septembre, en compte aujourd'hui 3,800. A la même date, il y avait 30 coups à tirer par pièce, aujourd'hui, il y en a 400, et l'on continue à fondre des projectiles avec une fureur qui tient du vertige. Tout le monde a son poste marqué dans la cité et sa place de combat. L'enceinte est perpétuellement couverte par la garde nationale, qui, de l'aube à la nuit, se livre à tous les exercices de la guerre avec l'application du patrio- tisme. On sent tous les jours grandir l'expérience et la solidité de ces soldats. Derrière cette enceinte ainsi gardée, s'élève une troisième enceinte, construite sous la direction du comité des barricades ; derrière ces pavés savamment disposés, l'enfant de Paris a retrouvé, pour la défense des institutions républicaines, le génie même du combat des rues. Toutes ces choses, partout ailleurs impossibles, se sont exécutées au milieu du calme, de l'ordre et grâce au concours enthousiaste qui a été donné aux hommes représentant la République. Ce n'est point une illusion, ce n'est pas une vaine formule : Paris est inexpugnable, il ne peut être ni pris ni surpris. Res- taient aux Prussiens deux autres moyens d'entrer dans la capitale : la sédition et la famine. La sédition, elle ne viendra pas, car les complices du gouvernement déchu, ou bien ils ont fui, ou bien ils se cachent ; quant aux ser- viteurs de la République, les ardents comme les tièdes trouvent dans le gouvernement de l'Hôtel-de-Ville d'in- corruptibles otages de la cause républicaine et de l'hon- neur national. La famine, prêt aux dernières privations, le peuple de Paris se rationne volontairement tous les jours, et il a devant lui, grâce aux accumulations de vi- vres, de quoi défier l'ennemi pendant de longs mois en- core. Il supportera avec une mâle constance la gêne et la disette pour donner à ses frères des départements le temps d'accourir et de le ravitailler. Telle est, sans dé- guisement, la situation de la capitale.

Citoyens, cette situation vous impose de grands de- voirs. Le premier de tous, c'est de ne vous laisser diviser par aucune préoccupation qui ne soit pas la guerre, le combat à outrance. Le second, jusqu'à la paix, est d'ac- cepter fraternellement le combat du pouvoir républicain sorti de la nécessité et du droit. Ce pouvoir, d'ailleurs,

ne saurait sans déchoir s'exercer au profit d'aucune ambition; il n'a qu'une passion et qu'un titre : arracher la
France à l'abîme où la monarchie l'a plongée ! Cela fait,
la République sera fondée et à l'abri des conspirations et
des réactionnaires. Donc, toutes les autres affaires ces-
santes, j'ai mandat, sans tenir compte des difficultés ni
des résistances, de remédier, avec le concours de toutes
les libres énergies, aux vices de notre situation, et, quoique le temps manque, de suppléer à l'insuffisance des
idées. Les hommes ne manquent pas; ce qui fait défaut,
c'est la résolution, la décision et la suite dans l'exécution
des projets. Ce qui a fait défaut, après la honteuse capitulation de Sedan, ce sont les armes. Tous nos approvisionnements de cette nature avaient été dirigés sur
Sedan, Metz, Strasbourg, et l'on dirait que, par une dernière et cruelle combinaison, l'auteur de tous nos désastres a voulu, en tombant, nous enlever le moyen de
réparer nos ruines. Maintenant, grâce à l'intervention
d'hommes spéciaux, des marchés ont été conclus, qui
ont pour but et pour effet d'accaparer tous les fusils dis-
ponibles sur les marchés du globe. Quant à l'équipement
et l'habillement, on va multiplier les ateliers et requérir
les matières premières, si besoin est. Ni les bras, ni le
zèle des travailleurs ne manqueront; l'argent ne man-
quera pas non plus.

Il faut enfin mettre en œuvre toutes nos ressources,
qui sont immenses, secouer la torpeur des campagnes,
réagir contre de folles paniques, multiplier la guerre de
partisans, et, à un ennemi si fécond en embûches, opposer des piéges, surprendre ses derrières et enfin inau-
gurer la guerre nationale. La République fait appel au
concours de tous; son gouvernement se fera un devoir
d'utiliser tous les courages, d'employer toutes les capa-
cités : c'est sa tradition, à elle, d'armer les jeunes chefs.
Nous en ferons. Le ciel lui-même cessera d'être clément

pour nos adversaires ; les pluies d'automne viendront, et, contenus, retenus par la capitale, les Prussiens, si éloignés de chez eux, inquiétés, troublés, pourchassés par nos populations réveillées, seront décimés pièce à pièce par nos armées, par la faim, par la nature. Non, il n'est pas possible que le génie de la France soit voilé pour toujours, que la grande nation laisse prendre sa place dans le monde par une invasion de 500,000 hommes.

Levons-nous donc en masse et mourons plutôt que de subir la honte du démembrement. A travers tous nos désastres, et sous les coups de la mauvaise fortune, il nous reste encore les sentiments de l'unité française, l'indivisibilité de la République. Paris, cerné, affirme plus glorieusement encore son immortelle devise, qui dictera aussi celle de toute la France : Vive la Nation ! vive la République une et indivisible !

LÉON GAMBETTA.

Dépêches télégraphiques du Ministre de l'Intérieur à MM. les Préfets et Sous-Préfets

Tours, le 12 octobre 1870, 3 h.

Hier, on se battait aux abords d'Orléans. Quelques obus tombèrent à l'entrée des faubourgs. Communications régulières arrêtées à Beaugency. Détails manquent encore.

A Dreux, Prussiens repoussés. Éclaireurs signalés hier à 4 kilomètres de Châteauneuf.

Avant-hier, deux engagements heureux pour francs-tireurs et avant-postes de mobiles. Dans les Vosges, à Clefcy, ennemi perdu 60 hommes. Nous 6 blessés.

Près Bruyères, 20 Prussiens sur carreau, un franc-tireur tué. Ennemi paru à Montdidier ; garde nationale, francs-tireurs à sa rencontre. Il s'est replié.

Reçu rapport du commandant de la place de Bitche, 28 septembre. Essuyé trois bombardements; grande partie de la ville brûlée; plus de 10,000 projectiles. Garnison en bonne santé; pourvue de vivres, de munitions. Bâtiments des forts détruits.

Tours, le 12 octobre 1870, 4 h. 50 soir.

Ennemi entré à Orléans. Gare incendiée.

De Toul, détails officiels manquent encore.

Reçu nouvelles de combats importants, le 7, entre Saint-Cloud et le Mont-Valérien. Général Ducrot aurait infligé échec aux Prussiens, qui se sont répandus sur Versailles.

Tours, le 13 octobre 1870.

Troupes se trouvant sur route de Paris, ayant combattu à Artenay, n'ont pas pu tenir. Une brigade de la 3e division de Saran, trois bataillons de réserve ont ensuite contenu ennemi pendant trois heures. Après combat très-vif, obligé de céder à la profusion de projectiles. Général de Lamotte-Rouge prit parti de se retirer sur la rive gauche de la Loire. Retraite, non inquiétée, s'est faite avec calme et ordre. Général de Lamotte-Rouge remplacé par d'Aurelles de Paladine. 50 cavaliers ennemis ont paru à Meung et ont exigé 1,500 réquisitions. A Gisors sont 4,000 Prussiens attendant renforts.

On écrit de Bruyères (Vosges), le 11, que dans Parée il y a eu un combat d'avant-postes contre 1,500 ennemis ayant beaucoup d'artillerie. Avantage nous resta. Néanmoins, Cambriels, pour ne pas s'exposer à être cerné dans les montagnes, se décida à changer ses positions dans le Nord.

Exemple de Saint-Quentin produit immense effet; cé-

rémonie imposante. Plus de cinquante mille personnes à
l'enterrement des gardes nationaux tués.

Tours, le 14 octobre 1870, 11 h. 40 matin.

Aucun nouvel engagement signalé. Côté d'Orléans
400 Prussiens, entrés hier, n'y seraient pas restés la
nuit. On les dit en force à Meung. A Châteauneuf, hier matin, cinq uhlans, suivis de près par vingt autres, ont paru
à la gare. Francs-tireurs ont tiré dessus sans les attein-
dre. Ils ont fui vers Toury. Bruit répandu de l'approche
de 20,000 Prussiens a produit fausse alerte. Ce matin,
tout tranquille. Gardes nationaux en armes. Reconnaissance sans résultat jusqu'à Tournoisis. Hier matin, huit
heures, feu roulant artillerie commencé contre Soissons
des hauteurs voisines. Place en état de résister. Une lettre
particulière de source honorable, communiquée sous réserve, annonce qu'ennemi a subi de grandes pertes sous
Metz. Bazaine paraît libre de ses mouvements sur Thion-
ville.

Tours, le 14 octobre, 1870, 11 h. 5 soir.

Des nouvelles sont arrivées de Paris par un ballon
parti le 12. Elles sont résumées dans la proclamation
suivante du ministre de l'intérieur et de la guerre :

« Citoyens, c'est avec une indicible expression de joie
que je me hâte de vous faire connaître les fortifiantes
nouvelles qui nous arrivent de Paris, apportées par le
ballon parti le 12 de la capitale. A Paris, le peuple, de
jour en jour plus héroïque, prépare le salut de la France
par l'ordre admirable qu'il maintient dans la cité, par les
privations qu'il s'impose joyeusement; car, détail qui n'a
rien de vulgaire dans la situation où nous sommes, c'est
par la viande de cheval qu'il commence le siége, réser-

vant pour les derniers jours les troupeaux vivants dans
ses murs. Impatiente derrière ses remparts, la garde nationale a voulu marcher à l'ennemi.

Voici le bulletin de sa première victoire sur toute la
ceinture. Les Prussiens ont été délogés des positions
qu'ils occupaient depuis trois semaines : au nord, dans
la direction de Saint-Denis, on les a refoulés au delà de
Stains, de Pierrefitte, de Dugny ; à l'est, on leur a repris
Bobigny, Joinville-le-Pont, Créteil, le plateau d'Avron ;
au sud-ouest, on leur a enlevé le Bas-Meudon et Saint-
Cloud, les refoulant sur Versailles. Ils savent, à présent,
ce que vaut un peuple résolu qui veut sauver son honneur et ses institutions.

Je vous disais, il y a quelques jours : Paris est inexpugnable ; le voilà devenu assaillant. D'aussi admirables
exemples ne peuvent laisser les départements insen-
sibles. Redoublons tous de travail et d'énergie ; sûrs
désormais que Paris fera son devoir jusqu'au bout, faisons le nôtre ! Vive la France ! vive Paris ! vive la République !

Tours, le 15 octobre 1870, 4 h. soir.

Excellentes nouvelles de Paris. Peuple maintient
ordre et s'impose avec joie des privations pour ménager
bétail sur pied. Garde nationale, sur sa demande, a fait
des sorties, délogé l'ennemi de toutes positions occupées
depuis trois semaines. Tout le périmètre se trouve ainsi
dégagé dans direction Rouen. Ennemi occupe Gisors et
Magny, a attaqué nos avant-postes à Ecouen. Dans rencontre de cavalerie, avons eu trois tués, six blessés.
Avons conservé nos positions. Quelques coups de fusil
échangés près Fleury-sur-Andelle. Hier, autour de la
Ferté-Saint-Aubin, forte reconnaissance ennemie, re-
poussée après engagement sans gravité.

Châteaudun tranquille. Rien de nouveau des Vosges.

Le 13, dans forêt de Fontainebleau, francs-tireurs ont mis en déroute et poursuivi jusqu'à Melun des cavaliers wurtembourgeois; garnison ennemie évacua immédiatement la ville.

Très-beau combat, le 13, à Bagneux et Châtillon, d'où l'ennemi, délogé pendant notre reconnaissance, subit des pertes considérables.

Mobiles Côte-d'Or et Aube, très-distingués. Commandant Aube, de Dampierre, tué glorieusement. Batterie prussienne démontée. Nos troupes entrées le soir dans leur ligne avec ordre magnifique, selon plan concerté. Marins fort Montrouge remarquables en couvrant la retraite. Canons des forts Montrouge, Vanves et Issy eurent un tir admirable. Château de Saint-Cloud brûlé. Paris aussi patriotique et plus résolu que jamais. Revue enthousiaste de la garde nationale par gouverneur acclamé.

————

Tours, le 17 octobre 1870, 11 h. 15.

Des nécessités impérieuses ont imposé à M. Léon Gambetta de se rendre immédiatement à l'armée des Vosges, qui a pour mission d'arrêter la marche des Prussiens sur Lyon. Son absence sera de courte durée.

————

Tours, le 18 octobre 1870, 2 h. soir.

Il n'est pas signalé d'engagement important.

L'ennemi paraît avoir fait un mouvement, évacuant en grande partie Orléans.

A Saint-Laurent-des-Eaux, francs-tireurs de la Dordogne et d'Indre-et-Loire ont, à deux reprises, hier, dispersé reconnaissances ennemies en leur infligeant des pertes, faisant deux prisonniers dont un capitaine.

Francs-tireurs et gardes nationaux, après avoir traversé Melun évacué, ont, dans le bois de Vert-Saint-Denis, attaqué un détachement ennemi, tué l'officier et quelques hommes.

Général Bourbaki est chargé du commandement supérieur de la région du Nord.

Tours, le 19 octobre 1870, 2 h. 15 m.

Hier, Châteaudun barricadé, défendu par neuf cents francs-tireurs et par garde nationale, a soutenu, de une heure à dix heures du soir, attaque et bombardement de la part de plusieurs milliers d'ennemis, venus avec deux batteries, une mitrailleuse, un obusier à bombes incendiaires. Prussiens ont subi de grandes pertes, mais défenseurs, décimés dans cette lutte héroïque, ont dû quitter la ville en partie incendiée.

En Normandie, on ne signale que l'apparition de quelques cavaliers ennemis. Grandvillers et Vesoul seraient occupés par ennemi.

Rien de nouveau sur la Loire.

Tours, le 20 octobre 1870, 1 h. 35 m.

Journaux officiels de Paris des 15 et 16, confirmant pleinement importance du combat du 13, sous Paris.

Renseignements certains font connaître qu'ennemi a eu plus de douze cents tués ou blessés. Le 14, armistice de onze heures à cinq heures, accordé aux Prussiens sur leur demande, pour enlever leurs morts. Dans la nuit du 13 au 14, un bataillon éclaireurs de la garde nationale surprit, à Rueil, des Prussiens en train de brûler deux maisons et leur tua vingt hommes.

Le 14, un parc d'artillerie ennemie fut atteint, à grande distance, par les obus de la redoute de Gravelle.

Approvisionnements de blé et de fourrages restés près de Maisons-Alfort ramenés dans Paris.

Le 15, obus du bastion 2 empêcha, à quatre mille cinq cents mètres, installation de batterie de siége, tua deux officiers et mit une pièce hors de service.

Châteaudun est en cendres; les faubourgs, non défendus, ont été canonnés.

Une reconnaissance du 16e corps culbuta, près Ailly, un détachement de hussards rouges, avec artillerie, et poursuivit vivement l'ennemi.

Tours, le 21 octobre 1870, 1 h. 35 soir.

Le gouvernement a décrété que la ville de Châteaudun a bien mérité de la patrie et qu'un crédit de cent mille francs est ouvert pour aider la population.

Quelques patrouilles prussiennes dispersées à Vitry, à Epernon, et en Normandie, à Ecouis.

Fusillade d'avant-garde sans importance, hier matin, du côté de Bonneval.

On ne signale nulle part d'engagements sérieux.

Tours, le 22 octobre 1870, 1 h. 15 m.

Vingt mille Prussiens ont envahi Chartres, hier, paraissant vouloir se diriger sur Mantes, par Dreux.

Une dépêche de Neufchâteau annonce que Bazaine aurait remporté sous Metz un avantage signalé, le 14.

Le siége de Verdun serait interrompu parce que les batteries ennemies sont démontées ou inondées.

Les Prussiens ont fait sauter le pont sur la Loire, entre Meung et Cléry. Ils étaient, hier, un millier autour de Beaugency.

Sous Paris, le 15, deux obus ont pénétré dans un poste ennemi, près Champigny.

Le 16, des éclaireurs postés à Créteil ont été attaqués dès l'aube par un peloton de Prussiens, qu'ils ont repoussés.

Tours, le 23 octobre 1870, 11 h. 35 matin.

Un combat a eu lieu, hier, depuis neuf heures du matin jusqu'à la nuit, devant Besançon, entre Voray et Cussey. Détails manquent.

Engagement sérieux, de midi à deux heures et demie, dans la forêt d'Hécourt. Les Prussiens, avec artillerie, cavalerie et infanterie, ont été repoussés par les éclaireurs Mocquart, par les mobiles de l'Ardèche et les francs-tireurs de Caen, qui leur ont mis une centaine d'hommes hors de combat. De notre côté, commandant d'éclaireurs grièvement blessé, deux mobiles tués, huit à dix blessés.

Vernon a été canonné de rive à autre de la Seine, pendant plus d'une heure, par l'ennemi, qui s'est retiré. Dégâts peu considérables.

Un engagement a eu lieu, le 21, près de Fontainebleau. Les francs-tireurs auraient démonté quarante cavaliers.

On dit que cent cinquante ennemis sont à Châteauneuf.

Tours, le 24 octobre 1870, 11 h. 55 m.

L'ennemi a de nouveau attaqué, hier, à sept heures, les positions de Châtillon-sur-Duc, près Besançon. Il a dû se retirer à quatre heures. Les deux jours, nous avons eu l'avantage. Nous avons gardé nos positions. Nos pertes minimes. Avons fait quelques prisonniers.

Une lettre de Schlestadt, du 22, annonce que la place, investie depuis le 10, est bombardée depuis le 18. La défense est énergique et l'esprit de la population excellent.

Les travaux d'approche pour le siége de La Fère ont été abandonnés hier, sur l'arrivée d'estafette, par Prussiens laissant leurs outils.

L'ennemi est entré à Montereau.

Tours, le 25 octobre 1870, 1 h 40 soir.

De Besançon, on annonce que l'ennemi battait en retraite, hier, par deux routes, sur Gy et Rioz, emmenant trente-sept voitures de blessés, laissant des morts très-nombreux, dont un colonel badois. Nos pertes sont moins considérables. Cent soixante blessés environ sont dans les ambulances de Besançon.

A Verdun, dans la nuit de jeudi à vendredi, la garnison aurait répondu à une tentative de bombardement par une sortie et une charge à la baïonnette qui ont fait des ravages encore accrus par une méprise de deux corps ennemis, qui, dans l'obscurité, ont tiré l'un sur l'autre.

Chartres est toujours occupé.

Châteaudun et les environs sont évacués par l'ennemi. Dreux est menacé.

Les Prussiens ont évacué Montereau. Ils se dirigent sur Nangis. Du côté de Gien, l'ennemi paraît se replier sur Orléans. On parle d'engagements heureux de francs-tireurs dans cette contrée.

Tours, le 26 octobre 1870, 1 h. 30 soir.

Ennemi entré hier matin à Dreux, après avoir essuyé, une partie de la nuit, résistance des gardes mobiles en avant de la ville.

Un détachement campé près de Saint-Rémy-sur-Avre, Gare saccagée. Confins de Seine-Inférieure pas inquiétés depuis deux jours. Ennemi se retire sur Gisors et Mantes. Dans bassin de la Loire engagement près Josnes. Ennemi a cinq ou six tués dont un officier, a laissé un blessé et un prisonnier. De notre côté, un blessé seulement. Ourcelles brûlé par ennemi. A Saint Rignan, près Gien, quelques éclaireurs ennemis culbutés par francs-tireurs nivernais. On dit aussi engagement, le 24, à Sully. Cent cinquante Prussiens hors de combat.

Tours, le 27 octobre 1870, 12 h. 50 soir.

Nogent-sur-Seine, attaqué, le 25, dès le matin, par dix-huit cents Prussiens munis de quatre canons, d'une mitrailleuse, a résisté jusque vers dix heures. Avons eu huit gardes nationaux, vingt mobiles tués et environ cent cinquante blessés et prisonniers. Les pertes de l'ennemi sont plus considérables. Un officier supérieur a été tué.

Les francs-tireurs de la Loire et la gendarmerie se sont particulièrement distingués. Ennemi a évacué Nogent à quatre heures.

Une reconnaissance du 16e corps ayant été attaquée, hier, sur la rive gauche de la Loire, les chasseurs ont fait feu sur la cavalerie ennemie. Trois ennemis tués, un chasseur français disparu.

Un détachement prussien est revenu à Châteaudun.

A Launoy (Ardennes), les francs-tireurs ont surpris un détachement ennemi. Deux hommes tués, sept prisonniers. Aucun franc-tireur n'a été atteint.

Tours, le 28 octobre 1870, 1 h. 25 m.

La capitulation de Schlestadt, après bombardement, est confirmée. Vesoul a été évacué par l'ennemi, le 26, à onze heures du matin, laissant quatre-vingt-dix blessés aux ambulances. Les francs-tireurs ont pris quelques voitures à l'ennemi, près Lure.

Un nouvel engagement a eu lieu, le 26, près Saint-Laurent-des-Eaux, entre des éclaireurs et des uhlans; quinze uhlans ont été tués et plusieurs blessés. A Clermont, hier matin, une reconnaissance a capturé un Prussien et trois chevaux. Trois cents Prussiens ont passé à Bonneval, mais le retour d'un fort détachement ennemi à Châteaudun ne paraît pas se confirmer.

———

Tours, le 29 octobre 1870, 12 h. 10 m.

Une dépêche de Bâle annonce la défaite complète, avec de grandes pertes, d'un corps badois; dans la déroute, trois cents se sont réfugiés en Suisse. Ils ont été désarmés et envoyés à Porentruy.

Hier, les Prussiens ont attaqué, à dix heures du matin, Formerie, sur le chemin de fer d'Amiens à Rouen : ils étaient quinze cents ou deux mille, avec artillerie. Après un engagement sérieux, ils ont été vigoureusement repoussés par la troupe et les mobiles du Nord. La cavalerie, commandée par le colonel d'Espeuille, les a poursuivis, les poussant, en pleine déroute, vers Beauvais et Songeons. La ligne a été maintenue intacte; des maisons ont été incendiées par l'ennemi.

Près de Courville, les mobiles de l'Orne et les volontaires de l'Hérault ont mis en déroute une reconnaissance comprenant un détachement de cuirassiers blancs et d'infanterie prussienne, avec artillerie, qui s'est repliée précipitamment sur Chartres.

Douze cents cavaliers ennemis, qui avaient paru à Châteauneuf-en-Thymerais, ont fait retraite.

———

République Française

LIBERTÉ, — ÉGALITÉ, — FRATERNITÉ

CIRCULAIRE

Tours, le 30 octobre 1870, 1 h. 30 du soir.

FRANÇAIS,

Élevez vos âmes et vos résolutions à la hauteur des effroyables périls qui fondent sur la patrie.

Il dépend encore de nous de lasser la mauvaise fortune et de montrer à l'univers ce qu'est un grand peuple qui ne veut pas périr, et dont le courage s'exalte au sein même des catastrophes.

METZ A CAPITULÉ !

Un général sur qui la France comptait, même après le Mexique, vient d'enlever à la patrie en danger plus de cent mille de ses défenseurs. Le maréchal Bazaine a trahi ! il s'est fait l'agent de l'homme de Sedan, le complice de l'envahisseur, et, au mépris de l'honneur de l'armée dont il avait la garde, il a livré, sans même essayer un suprême effort, cent vingt mille combattants, vingt mille blessés, ses fusils, ses canons, ses drapeaux et la plus forte citadelle de la France, Metz, vierge jusqu'à lui des souillures de l'étranger ! un tel crime est au-dessus même des châtiments de la justice ; et maintenant, Français, mesurez la profondeur de l'abîme où vous a précipités l'empire. Vingt ans la France a subi ce pouvoir corrupteur qui tarissait en elle les sources de la grandeur et de la vie. L'armée de la France, dépouillée de son caractère national, devenue, sans le savoir, un instrument de règne et de servitude, est engloutie, malgré l'héroïsme des soldats, par la trahison des chefs, dans les désastres de la patrie. En moins de deux mois deux cent vingt-cinq mille hommes ont été livrés à l'ennemi. Sinistre épilogue du coup de main militaire de Décembre! il est temps de nous ressaisir, citoyens, et, sous l'égide de la République, que nous sommes bien décidés à ne laisser capituler ni au dedans, ni au dehors, de puiser dans l'extrémité même de nos malheurs le rajeunissement de notre moralité et de notre virilité politiques et sociales. Oui! oui! quelle que soit l'étendue du désastre, il nous trouve ni consternés, ni hésitants; nous sommes prêts aux derniers sacrifices, et en face d'ennemis que tout favorise, nous jurons de ne jamais nous rendre; tant qu'il restera un pouce du sol sacré sous nos semelles, nous tiendrons ferme le glorieux drapeau de la Révolution Française. Notre cause est celle de la justice et du droit. L'Europe le sait, l'Europe le sent.

Devant tant de malheurs immérités, spontanément, sans avoir reçu de nous ni invitation, ni adhésion, elle s'est émue, elle s'agite.

Pas d'illusions; ne nous laissons ni alanguir, ni énerver, et prouvons, par des actes, que nous voulons, que nous pouvons tenir de nous-mêmes l'honneur, l'indépendance, l'intégrité, tout ce qui fait la patrie libre et fière.

VIVE LA FRANCE! VIVE LA RÉPUBLIQUE UNE ET INDIVISIBLE!

Les Membres du Gouvernement,

CRÉMIEUX, GLAIS-BIZOIN, GAMBETTA.

Tours, le 30 octobre 1870, 3 h. 55 m. soir.

Onze ou douze cavaliers ennemis, parus près de Dijon, ont été reçus à coups de fusils: on annonce encore, à portée, quelques centaines de Prussiens. On dit encore qu'un engagement sérieux aurait eu lieu entre des francs-tireurs et un corps prussien, à Eloyes (Vosges). Les

Prussiens auraient perdu beaucoup de monde dans une embuscade. Un corps de francs-tireurs a fait dérailler un train de troupes, près Saulces, sur la ligne des Ardennes, et, embusqués, ont tué beaucoup d'ennemis.

Tours, le 31 octobre 1870, 2 h.

Hier, dix à douze mille ennemis ont attaqué Dijon et ont rencontré une résistance de la part des troupes, de la mobile et de la garde nationale sédentaire. Le combat, en avant de la ville et dans les faubourgs, a duré de huit heures du matin à quatre heures et demie du soir. Le bombardement a entraîné la retraite de la garnison.

Avant-hier, cent cinquante cuirassiers blancs ont paru à Châteaudun et repris, après quelques heures, la route d'Orléans.

Vers le nord, on ne signale aucun mouvement ennemi sérieux. Quelques éclaireurs seulement ont été rencontrés par des francs-tireurs.

Le rapport officiel de Verdun signale une sortie heureuse; le 20, la garnison a enlevé les postes prussiens et encloué vingt-six pièces de gros calibre.

Tours, le 2 novembre 1870, 1 h. 30 soir.

Éclaireurs ennemis ont été repoussés par mobiles à Bréval, et par garde nationale sédentaire à Ivry-la-Bataille. Près de Dreux, francs-tireurs ont dispersé un escadron de uhlans.

De Paris, *Journal officiel* annonce, le 28 octobre, avant le jour, francs-tireurs de la Presse ont exécuté une surprise sur le Bourget et, dans la journée, s'y sont maintenus, malgré l'arrivée de trente pièces d'artillerie ennemie et d'infanterie considérable.

Tours, le 3 novembre 1870, 1 h.

Hier, Prussiens ont tenté investissement de Belfort par Giromagny, où un bataillon mobiles de la Haute-Saône n'a tenu qu'une heure et demie, et par Soppe où ennemi a eu le dessous et n'a pu emporter le village défendu par mobiles du Rhône; on dit au moins cent cinquante ennemis hors combat, dont un officier supérieur; nos pertes beaucoup moindres.

En Normandie, près de Suzay, avant-poste de mobiles (Oise) a eu engagement avec uhlans; douze ennemis restés sur le terrain. Uhlans en reconnaissance à Gournay sont repartis brusquement, voyant risque d'être surpris.

Tours, le 4 novembre 1870, 2 h. 10 m.

Châteauneuf (Loiret) évacué hier matin par Prussiens; 80 qui ont passé la Loire ont rencontré francs-tireurs qui leur ont tué quelques hommes.

Prussiens ont incendié Vienne-en-Val.

En Seine-et-Marne, ennemi reparu à Moret, hier, vers cinq heures.

En Normandie, avant-postes mobiles de Loire ont encore surpris, hier, éclaireurs ennemis, près Étrépagny.

Dans Est, ennemi ne dépasse pas Dijon.

On s'est battu le 2 entre Auxonne et Besançon. L'avantage nous resterait en partie.

Garnison ennemie de Dijon serait allée subitement vers Auxonne.

Investissement de Belfort paraît complet.

Tours, le 5 novembre 1870, 9 h. matin.

Le résultat du vote du 3 est de 442,000 oui, 49,000 non. La proclamation du gouvernement dit : « Vous nous ordonnez de rester au poste du péril que nous assigne la

Révolution du 4 septembre, avec force venant de vous, avec sentiment des grands devoirs que votre confiance nous impose. Le premier est celui de défendre ; il continuera à être notre occupation exclusive. Nous préviendrons tous mouvements criminels par la sévère exécution des lois. »

La proclamation de Jules Favre dit : « N'ayons tous qu'un cœur et une pensée : la délivrance de la patrie. La délivrance n'est possible que par l'obéissance aux chefs militaires et le respect des lois. »

Le général Trochu a dit : « La République seule peut nous sauver ; si nous la perdions, nous serions perdus avec elle. »

Clément Thomas est nommé commandant des gardes nationales.

Tours, le 5 novembre 1870, 5 h. 15 soir.

Aucun événement militaire important signalé ; l'ennemi a reparu à Fontainebleau et à Montereau.

Un engagement, hier, près Fay-aux-Loges, entre tirailleurs, détachements bavarois : 4 tués et 7 blessés prussiens.

On parle, mais sans détails, de nouveaux combats.

Tours, le 5 novembre 1870, 9 h. 55 s.

Un décret du 4 novembre mobilise tous les hommes valides, de 21 à 40 ans, mariés ou veufs avec enfants.

Les exceptions, à titre de soutiens de famille, sont supprimées.

La République adopte les enfants des citoyens morts pour la défense de la patrie ; elle secourra les familles nécessiteuses.

Les nouveaux bataillons seront organisés par vos

soins ; ils passeront ensuite sous l'autorité du ministre de la guerre.

Le 19 novembre, l'organisation devra être terminée.
Je vous envoie le décret par la poste.

Tours, le 6 novembre 1870, 1 h. 45 s.

On signale passages importants de troupes ennemies dans Haute-Saône et l'est de la Côte-d'Or. 4,000 Prussiens à Nuits, avec artillerie. Corps Garibaldi, hier toute la journée, a barré la route de Saint-Jean-de-l'Osne, à Auxonne, près Brazey, à un corps ennemi muni de forte artillerie. Ennemi n'a fait aucun progrès dans Loiret ou dans Seine-et-Marne.

Rien de nouveau à signaler du côté des Andelys.

Tours, le 7 novembre 1870, 9 h. 45 m.

L'armistice à l'effet d'élire assemblée nationale est repoussé à l'unanimité par le gouvernement de la défense nationale, la Prusse n'ayant pas voulu accepter ravitaillement de Paris, et n'ayant accepté avec des réserves participation d'Alsace et de Lorraine au vote.

A *l'Officiel* de ce matin, formation de trois armées dans Paris, dont une de gardes nationaux sédentaires.
Ordre parfait à Paris.

Tours, le 7 novembre 1870, 1 h. 50 s.

Un avant-combat, près de Brazey, s'est terminé à notre avantage.

Les francs-tireurs de Garibaldi ont repoussé l'ennemi qui venait de passer la Saône et qui s'est retiré à Bretonnières, près Dijon.

Un engagement nouveau paraît avoir eu lieu, hier, dans la même direction ; rien de précis à ce sujet.

L'ennemi se montre à Neufchâteau, menaçant Chaumont.

Près de Châteaudun, les mobiles du Gers et les francstireurs de Paris ont surpris un régiment de cuirassiers ennemis, en ont tué et blessé un certain nombre.

En Normandie, près Tillières, rive gauche de la Seine, un engagement a eu lieu entre Prussiens, munis d'artillerie, et mobiles de l'Oise, qui, renforcés à temps, ont pu repousser ennemis vers Étrépagny.

Tours, le 8 novembre 1870, 3 h. 36 m.

Hier, engagement d'avant-postes près de la forêt de Marchenoir (Loir-et-Cher), à la suite duquel ennemi a battu en retraite laissant morts et blessés sur le terrain.

Pas d'autre fait notable de guerre à signaler.

Tours, le 11 novembre 1870, 11 h. 30 matin.

L'armée de la Loire, sous les ordres du général d'Aurelles de Paladines, s'est emparée hier, 10 novembre, d'Orléans, après une lutte de deux jours.

Nos pertes, tant en blessés qu'en tués, n'atteignent pas 2,000 hommes. Celles de l'ennemi sont plus considérables. Nous avons fait plus d'un millier de prisonsonniers, et le nombre augmente par la poursuite. Nous nous sommes emparés de deux canons, modèle prussien, de vingt caissons chargés de munitions, tout attelés, et d'une grande quantité de fourgons et de voitures d'approvisionnements. La principale action s'est concentrée autour de Coulmiers, dans la journée du 9.

L'élan des troupes a été remarquable, malgré le mauvais temps. Il y a lieu d'espérer que cette première opération militaire ouvre une ère nouvelle pour la France. Nos ressources en hommes sont immenses ; le patriotisme est partout réveillé ; le pays doit se montrer prêt aux plus grands sacrifices.

Nous avons été trop éprouvés par la fortune, pour nous laisser égarer par des illusions nouvelles. Nous avons repris l'offensive, c'est un grand point. Cette offensive signifie qu'au lieu de déplacer notre base d'opérations, pour la mettre en arrière, nous la reporterons en avant.

Avec de la résolution, de la prudence, de l'énergie, et surtout en restant unis sur le terrain de la lutte à outrance contre l'envahisseur, la République sauvera la France.

Tours, le 14 novembre 1870, 2 h. 10.

Rien à signaler du côté d'Orléans ; les Prussiens continuent leurs réquisitions à Sens et dans les villages environnants. On assure qu'un corps allemand se dirige sur Tonnerre. Auxonne est sur le point d'être investi. Dôle a été occupé le 13 novembre, à midi, par les Prussiens. A La Fère, on s'attendait hier à l'investissement. Un corps prussien s'avançait de Reims sur Cambrai.

A Saint-Illier-le-Bois (Eure) une patrouille prussienne a été surprise par dix mobiles de l'Ardèche et dix francs-tireurs de Caen, ils lui ont tué 9 hommes et fait un prisonnier ; quarante-huit uhlans entrés le 13 à Nemours, ont été faits prisonniers dans la nuit par les gardes mobiles de Château-Landon, joints à des gardes nationaux.

Tours, le 15 novembre 1870.

De l'armée de la Loire, rien à signaler. Dôle a été évacué par l'ennemi dans la journée d'hier.

Le 11, une colonne de 800 hommes, de la garnison de Mézières, a fait une reconnaissance sur Fagnon.

Engagement heureux avec 1,200 enuemis et dégagé des francs-tireurs qui se trouvaient cernés ; de notre côté, dix blessés non grièvement.

———————

Tours, le 17 novembre 1870, 11 h. 45 m.

Place de Mézières et ville d'Auxonne, presque complétement investies, ont répondu heureusement au premier feu de l'ennemi.

Prussiens ont quitté Nemours après avoir incendié la gare et quatorze maisons.

———————

Tours, le 18 novembre 1870, 2 h. 10 s.

Prussiens ont abandonné investissement d'Auxonne et évacué subitement Saint-Jean-de-Losnes ; ils nous ont attaqués en Beauce, à Landelles ; ils ont eu dix hommes hors de combat. Nous avons gardé nos positions et ils se sont repliés sur Courville ; ils ont en même temps attaqué Dreux ; un combat de trois heures a eu lieu sous cette ville. L'ennemi occupait la hauteur de Chérisy.

Avant-hier, francs-tireurs et chasseurs ont surpris de la cavalerie ennemie à Viabon ; une vingtaine de hussards blessés, dix tués, fait 5 prisonniers. Hier matin encore, ils ont rencontré un escadron auquel ils ont tué et blessé quelques hommes. Le 16, dans les Ardennes, entre Lonny et Harcy, 300 mobiles et 100 francs-tireurs ont eu un engagement sérieux avec 2,500 ennemis ayant artillerie. Avons eu trois tués, douze blessés ; pertes de l'ennemi beaucoup plus considérables.

———————

Tours, le 19 novembre 1870, 3 h. 45 m.

Quatre cents cavaliers ennemis ont incendié deux villages, près de Bonneval ; se sont présentés à l'entrée de la ville, ont été repoussés et poursuivis. Quelques uhlans ont été mis en déroute par garde nationale, près Ferrières.

Dans la Côte-d'Or, près Saint-Jean-de-l'Osne, francs-tireurs ont pris 40 voitures de vivres à l'ennemi, tué un des cavaliers de l'escorte, mis les autres en fuite.

Tours, le 20 novembre 1870, 2 h. 10 m.

A Châtillon-sur-Seine, 7 à 800 ennemis surpris par Ricciotti Garibaldi ; tous été mis hors combat ou faits prisonniers. Prussiens sont arrivés hier subitement devant Évreux, ont tiré vingtaine de coups de canon sur la ville, garde nationale a résisté. Ennemi s'est replié à la nuit à petite distance. Dix-sept cavaliers ennemis ont paru à Montargis ; ont disparu laissant un tué et un prisonnier.

Tours, le 21 novembre 1870, 2 h,

Hier, à Nuits, engagement de cinq heures sans résultat entre 300 francs-tireurs et 1,200 Prussiens, a dû reprendre aujourd'hui.

Le 19, dans l'Aisne, divers engagements de tirailleurs ont eu lieu, un notamment assez important à Vouel, près de La Fère, où avons perdu un capitaine et 7 ou 8 hommes. On parle d'une sortie heureuse de Belfort vers Bessoncourt. L'ennemi fortifie Montbéliard.

Tours, le 22 novembre 1870, 1 h. 25 m.

On a des nouvelles de Paris. Le succès de Coulmiers y est connu depuis plusieurs jours et a produit une grande impression. L'esprit public est plein de confiance et d'union.

L'ennemi n'a pas reparu à Évreux. Des mobiles ont rencontré des forces ennemies à Bretoncelles ; se sont retirés après quatre heures de lutte.

A Yèvres, les éclaireurs girondins ont rencontré deux hommes et un cheval. Une dépêche de Rocroi annonce qu'hier matin Mézières était dégagé. La garde nationale et la garnison de cette place, dans une sortie, le 17, auraient tué à l'ennemi 500 hommes et pris un canon.

Dans la Côte-d'Or, un engagement, le 20, entre trois compagnies de corps-francs et 1,200 Prussiens ayant quatre pièces de canon. De notre côté, un tué, cinq blessés.

Prussiens se sont retirés sur Vougeot, avec pertes évaluées à 80 hommes.

Tours, le 23 novembre 1870, 11 h. m.

Près de Vernon nos troupes ont repris l'offensive, ont cerné un important convoi de vivres venant de Mantes, qui est resté dans nos mains, ont mis en déroute un détachement de 1,500 Prussiens. De notre côté, deux mobiles tués, cinq blessés. L'ennemi a eu un officier et six hommes tués, une quarantaine de blessés. Nous avons fait quatre prisonniers avec cinq chevaux.

Le commandant Montgolfier des mobiles de l'Ardèche s'est distingué ; a eu un cheval tué.

Vallée de l'Eure dégagée.

L'ensemble des nouvelles militaires de Paris est excellent ; le feu des forts continue à faire le plus grand mal à l'ennemi. Le cercle de l'investissement s'élargit.

Mézières débloqué, fait parvenir journaux et dépêches.

Tours, le 24 novembre 1870, 3 h.

Près de Bonneval, quelques cavaliers se sont montrés, francs-tireurs et légion Charette ont tué ou blessé dix hommes à l'ennemi, fait prisonniers un cuirassier blanc et un sous-officier de hussards.

On signale des engagements vers Montbéliard, à Vaudoncourt et Audincourt, le 22. Ennemi s'est retiré ayant deux morts et onze blessés. Pas de blessés de notre côté.

Rien à signaler sur la Loire.

Tours, le 25 novembre 1870, 11 h. 55 m.

Hier, les Prussiens ont passé à Pacy et à Vernon, mais sans s'y établir. A Vernonet, échange de coups de fusils avec habitants qui ont eu un blessé. Aux Andelys, visite d'une douzaine de uhlans repoussés par mobiles. Des éclaireurs ennemis sont signalés à Mondoubleau.

Tours, 26 novembre 1870, 12 h. 45 m.

Hier, l'ennemi a été délogé d'une forte position qu'il occupait sur les hauteurs d'Yèvres, près Brou. Après un combat qui a duré de 2 heures à 5 heures de l'après-midi, il a été poursuivi au delà de Brou. Nos pertes sont insignifiantes; celles de l'ennemi non encore évaluées. Avant-hier soir, 100 gardes nationaux, 100 mobiles du Gers et 40 francs-tireurs ont attaqué les Prussiens à Saint-Agil et leur ont fait subir des pertes importantes. De notre côté, deux tués, trois blessés.

Sur la ligne de la Loire, Ladon a été évacué par l'ennemi. Une reconnaissance de cavalerie y a fait hier vingt-deux prisonniers et trouvé 200 fusils prussiens. En Normandie, engagement d'avant-postes aux environs de Vernon. Un mobile blessé mortellement. Ennemi a emmené deux voitures de blessés et de morts.

Tours, le 27 novembre 1870, 5 h. 10 s.

L'armée de la Loire, menacée sur sa gauche par des forces très-considérables, a dû masser de ce côté certaines forces un peu avancées, qui, présentant une ligne mince, auraient risqué d'être coupées. La droite tient vigoureusement et empêche les progrès de l'ennemi.

Un succès a été obtenu à Neuville, où des forces ennemies, après avoir bombardé la ville, ont dû laisser le terrain à des troupes inférieures en nombre, abandonnant assez grand nombre de morts et blessés, et quatre-vingts prisonniers. Nos pertes sont peu importantes. Cet ensemble d'opérations n'a qu'une gravité relative de part et d'autre, et ne préjuge en rien le résultat de la rencontre attendue dans la Somme. Combats heureux à Gentelle et Boves. Bonnes nouvelles des environs de Montbéliard.

Tours, le 28 novembre 1870, 3 h. 10 s.

Dans le Perche, l'ennemi semble avoir fait un mouvement analogue au nôtre, obligé d'évacuer quelques positions extrêmes de sa droite pour masser ses forces.

On reste dans l'attente d'un engagement important. Il y a eu hier des combats toute la journée aux environs d'Amiens.

L'action engagée à la fois à Villers-Bretonneux, à Boves, à Dary, ne nous a été favorable que sur ce dernier point.

Tours, le 29 novembre 1870, 12 h. s.

Des engagements assez vifs, qui ont duré de huit heures et demie du matin à sept heures du soir, ont eu lieu hier sur le front de l'armée de la Loire, entre Pithiviers et Montargis. Sur les divers points, l'ennemi a été successivement repoussé avec pertes sensibles; de nombreux prisonniers et un canon restés en nos mains.

Les Prussiens sont entrés à Amiens. De nouveaux engagements ont eu lieu hier près de cette ville. Résultat inconnu. Engagement hier à Villers-en-Vexin. Mobiles infligé des pertes à l'ennemi, n'ont eu qu'un blessé. On dit La Ferté rendue, après trente heures de bombardement sans sommation.

Tours, le 1er décembre 1870, 4 h. 5 m.

Dans la nuit du 29 au 30, ennemi, retranché dans maisons d'Étrépagny, fut attaqué par nos troupes, et après lutte acharnée, contraint fuir en tous sens ; avons eu 1 capitaine grièvement blessé, 5 tués, 15 blessés; pertes ennemies, 4 officiers tués, 3 officiers prisonniers, dont un supérieur, 50 ou 60 tués, une centaine de prisonniers, un canon, trois caissons pleins, nombreux chevaux tués ou pris dans Loiret. Ennemi attaquant Maizières, repoussé deux fois hier, 35 prisonniers, dont un officier.

Dans forêt Montargis, 5 éclaireurs tués, 6 pris par francs-tireurs. — En Bourgogne, combat victorieux, hier, à Nuits, fîmes quelques prisonniers; petits engagements avantageux à Rimogne et près d'Évreux.

Circulaire

Tours, le 1er décembre 1870, 8 h. 15 soir.

La délégation du Gouvernement a reçu aujourd'hui jeudi, 1er décembre, la nouvelle d'une victoire remportée sous les murs de Paris, les 28, 29 et 30 novembre.

Cette nouvelle avait été apportée à Tours par le ballon le *Jules Favre*, descendu près de Belle-Ile-en-Mer, à quatre heures.

M. Gambetta, membre du Gouvernement, s'adressant à la foule réunie dans la cour de la préfecture, a confirmé en ces termes la grande et heureuse nouvelle :

« Chers concitoyens, après soixante-douze jours d'un siége sans exemple dans l'histoire, tout entier à consacrer, à préparer, à organiser les forces de la délivrance, Paris vient de jeter hors de ces murs, pour rompre le cercle de fer qui l'étreint, une nombreuse et vaillante armée, préparée avec prudence par des chefs consommés, que rien n'a pu ni ébranler, ni émouvoir dans cette laborieuse organisation de la victoire. Cette armée a su attendre l'heure propice, et l'heure est venue. Excités, encouragés par les fortifiantes nouvelles venues d'Orléans, les chefs du Gouvernement avaient résolu d'agir, et, tous d'accord, nous attendions depuis quelques jours, avec une sainte anxiété, le résultat de nos efforts combinés.

« C'est le 29 novembre au matin, que Paris s'est ébranlé. Une proclamation du général Trochu a appris à la capitale cette résolution suprême, et avant de marcher au combat, il rejette la responsabilité du sang qui allait couler sur la tête de ce ministre et de ce roi, dont la criminelle ambition foulait aux pieds la justice et la civilisation modernes. L'armée de sortie est commandée par le général Ducrot, qui, avant de partir, a fait à la manière antique, le serment solennel devant la ville assiégée et devant la France anxieuse, de ne rentrer que mort ou victorieux.

« Je vous donne dans leur laconisme, les nouvelles apportées par le ballon le *Jules Favre*, un nom de bon augure et cher à la France, tombé ce matin à Belle-Ile-en-Mer.

« Le 29, la sortie dirigée contre la ligne d'investissement, a commencé sur la droite par Croisy, l'Hay et Chevilly ; dans la nuit du 29 au 30, la bataille a persisté sur les divers points. Le général Ducrot, sur sa gauche, passe la Marne le 30 au matin; il occupe successivement Mesly et Mont-Mesly; il prolonge son mouvement sur sa gauche, passe la Marne, et à Doué-à-la-Marne, se met en bataille de Champigny à Bry. L'armée passe alors la Marne sur huit points, elle couche sur ses positions, après avoir pris à l'ennemi deux pièces de canons; l'affaire a été rapportée à Paris par le général Trochu. Ce rapport, où on fait l'éloge de tous, ne passe sous silence que la grande part du général Trochu à l'action. Ainsi faisait Turenne! Il est constaté qu'il a rétabli le combat sur plusieurs points, en entraînant l'infanterie par un feu formidable, l'artillerie fouillant toutes les positions de la ligne d'investissement; l'attaque de nos troupes a été soutenue pendant toute l'action, par des canonnières lancées sur la Marne et sur la Seine. Le chemin de fer circulaire de M. Dorian, dont on ne saurait trop célébrer le génie militaire, a coopéré à l'action, à l'aide de wagons blindés, faisant feu sur l'ennemi. Cette même journée du 30, dans l'après-midi, a donné lieu à une pointe vigoureuse de l'amiral La Roncière, toujours dans la direction de l'Hay et de Chevilly.

« Il s'est avancé sur Lonjumeau, et a enlevé les positions d'Épinay, au delà de Lonjumeau, positions retranchées des Prussiens, qui nous ont laissé de nombreux prisonniers et encore deux canons.

« A l'heure où nous lisons la dépêche de Paris, une action générale doit être engagée sur toute la ligne. L'attaque du sud du 1er décembre doit être dirigée par le général Vinoy.

« D'aussi considérables résultats n'ont pu être achetés que par de glorieuses pertes : deux mille blessés, le général Renault, commandant le 2e corps, et le général La Charrière ont été blessés.

« Le général Ducrot s'est couvert de gloire et a mérité

là reconnaissance de la nation. Les pertes prussiennes sont très-considérables. Ces renseignements sont officiels, car ils sont adressés par le chef d'état-major, le général Schmitz.

Pour extraits conformes :

GAMBETTA.

Le génie de la France, un moment voilé, réapparaît, grâce aux efforts du pays tout entier ; la victoire nous revient, et, comme pour nous faire oublier la longue série de nos infortunes, elle nous favorise presque sur tous les points. En effet, notre armée de la Loire a déconcerté depuis trois semaines tous les plans des Prussiens et repoussé toutes leurs attaques. Leur tactique a été impuissante sur la solidité de nos troupes. A l'aile droite, comme à l'aile gauche, Étrépagny a été enlevé aux Prussiens et Amiens évacué à la suite de la bataille de Paris. Nos troupes ont vigoureusement lancé en avant. Nos deux armées marchent à la rencontre l'une de l'autre ; dans les rangs, chaque officier, chaque soldat sait qu'il tient dans ses mains le sort même de la patrie ; cela seul les rend invincibles. Qui donc douterait désormais de l'issue finale de cette lutte gigantesque ? Les Prussiens peuvent mesurer aujourd'hui la différence qui existe entre un despote qui se bat pour satisfaire ses caprices et un peuple armé qui ne veut pas périr. Ce sera l'éternel honneur de la République d'avoir rendu à la France le sentiment d'elle-même, et l'ayant trouvée abaissée, désarmée, trahie, occupée par l'étranger, de lui avoir ramené l'honneur, la discipline, les armes, la victoire.

L'envahisseur est maintenant sur la route où l'attend le feu de nos populations soulevées. — Voilà, citoyens, ce que peut une grande nation qui veut garder intacte la gloire de son passé, qui ne verse son sang et celui de l'emnnei que pour le triomphe du droit et de la justice dans le monde ; la force et l'unité n'oublieront jamais que c'est Paris qui, le premier, a donné cet exemple, enseigné cette politique et fondé ainsi sa suprématie morale, en restant fidèle à l'héroïque esprit de la Révolution.

VIVE PARIS!

VIVE LA FRANCE!

VIVE LA RÉPUBLIQUE UNE ET INDIVISIBLE!

LÉON GAMBETTA.

Tours, le 2 décembre 1870, 12 h. 30 m.

Le nouveau mouvement en avant de l'armée de la Loire a débuté par un succès. Le 16e corps a trouvé l'ennemi fortement établi de Guillonville à Terminiers. Malgré la résistance énergique de l'ennemi, qui comptait au moins 20,000 hommes et 40 à 50 canons, on a enlevé successivement, outre les premières positions de l'ennemi, celles de Noneville, Villepion et Faverolles.

Nos troupes ont vigoureusement enlevé les villages à la baïonnette ; l'artillerie a été remarquable. Nos pertes sont peu graves ; celles de l'ennemi sont considérables ; nous avons de nombreux prisonniers ; les honneurs de la journée sont à l'amiral Jaurre-Guiberry.

Tours, le 3 décembre 1870, 3 h. 15 soir.

Le mouvement de l'armée de la Loire s'est continué hier ; il a donné lieu à une série d'engagements sans avantages marqués d'aucun côté. Dans l'un d'eux, le général Sonois, emporté par son élan, a été blessé et fait prisonnier.

Cet accident a déterminé un temps d'arrêt dans la

marche du 17e corps. Du reste, nous gardons nos positions, et le moral des troupes est excellent.

Dans l'Est, Autun a été, à deux reprises, attaqué par l'ennemi.

Tours, le 4 décembre 1870, 2 h. 50 soir.

L'armée de la Loire ayant devant elle une énorme concentration de forces ennemies, a discontinué son mouvement et reprend les fortes positions qu'elle occupait devant Orléans. Cette accumulation d'efforts contre l'armée de la Loire devra faciliter d'autant les mouvements de l'armée de Paris.

Dans l'Est, on signale un engagement heureux entre Autun et Arnay. L'ennemi a été vigoureusement poursuivi Détachement de Prussiens a été surpris hier matin à Pesmes, près Auxonne ; l'ennemi a laissé sur le terrain 4 tués, 2 blessés, 4 prisonniers ; le chef prussien tué.

Circulaire

Tours, le 6 décembre 1870.

Veuillez donner la plus grande publicité à la suivante :

Après les divers combats livrés dans les journées des 2 et 3 décembre, qui avaient causé beaucoup de mal à l'ennemi, mais qui, en même temps, avaient arrêté la marche de l'armée de la Loire, la situation de cette armée parut tout à coup inquiétante au général en chef, d'Aurelles de Paladines. Dans la nuit du 3 au 4, le général parla de la nécessité qui s'imposait, suivant lui, d'évacuer Orléans et d'opérer la retraite des divers corps de l'armée de la Loire sur la rive gauche de la Loire. Il lui restait cependant une armée de plus de 200,000 hommes, pourvus de plus de 500 bouches à feu, retranchés dans un camp fortifié de pièces de marine à longue portée. Il semblait que ces conditions exceptionnellement favorables dussent permettre une résistance, qu'en tous cas les devoirs militaires les plus simples ordonnaient de tenter.

Le général d'Aurelles n'en persista pas moins dans son mouvement. Il était sur place, disait-il, il pouvait mieux que personne juger de la situation des choses. Après une délibération, on a pris conseil du gouvernement à l'unanimité. La délégation fit passer le télégramme suivant :

Commandant en chef de l'armée de la Loire

« L'opinion du gouvernement consulté était de vous voir tenir ferme à Orléans, vous servir des travaux de défense et de ne pas s'éloigner de Paris ; mais puisque vous affirmez que la retraite est nécessaire, que vous êtes mieux à même, sur les lieux, de juger la situation, que vos troupes ne tiendraient pas, le gouvernement vous laisse le soin d'exécuter les mouvements de retraite sur la nécessité desquels vous insistez et que vous présentez à la défense nationale, comme devant lui éviter un désastre plus grand que celui même de l'évacuation d'Orléans.

En conséquence, je retire mes ordres de concentration active et formée à Orléans et dans le périmètre de vos feux de défense ; donnez des ordres d'exécution à tous les généraux en chef placés sous votre commandement. »

Cette dépêche, envoyée à onze heures, à midi le général d'Aurelles écrivait à Orléans :

« Je change mes dispositions, je dirige sur Orléans les 16e et 17e corps ; j'appelle le 18e et le 20e corps ; j'organise la résistance ; je suis à Orléans à la place d'Aurelles. »

Ce plan de concentration était justement celui qui, depuis quatorze heures, était conseillé, ordonné par M. le ministre de la guerre. M. le ministre de la guerre veut se rendre lui-même à Orléans pour s'assurer de la concentration rapide des corps de troupes. A une heure et demie il partait par un train spécial. A quatre heures en avant du village de La Chapelle, le train s'arrêta ; la voie était occupée par des cavaliers prussiens, qui l'avait couverte de madriers et de bois pour entraver la marche du convoi. A cette heure, on entendait la canonnade dans le lointain ; on pouvait croire qu'on se battait en avant d'Orléans. A Beaugency, où le ministre de la guerre était revenu pour prendre une voiture afin d'aller à Écouys, croyant que la résistance devant Orléans se continuait, il ne fut plus possible d'avoir de nouvelles ; ce n'est qu'à Blois, à neuf heures du soir, que la dépêche suivante fut envoyée de Tours :

« Depuis midi, je n'ai reçu aucune nouvelle d'Orléans, mais à l'instant, en même temps que votre dépêche, j'en reçois deux d'Orléans : une de l'inspecteur annonce qu'on a tiré sur votre train à La Chapelle ; l'autre du général d'Aurelles ainsi conçue : « J'avais espéré jusqu'au dernier moment pouvoir me dispenser d'évacuer Orléans ; tous mes efforts ont été insuffisants ; cette nuit, la ville sera évacuée. » Je suis sans autres nouvelles.

En présence de cette grave détermination, ordre immédiat fut donné de Blois pour la retraite des troupes ; le ministre ne rentra à Tours que vers trois heures du matin ; il trouva à son arrivée les dépêches suivantes :

Orléans, 4 décembre.

Général Pallières à ministre guerre

« Ennemi a proposé notre évacuation d'Orléans à dix heures du soir, sous peine de bombardement de la ville ; comme nous devions la quitter cette nuit, j'ai accepté au nom du général en chef. Batteries de la marine ont été enclouées, poudre et matériel détruits. »

Général à Intérieur

« L'ennemi a occupé Orléans à minuit ; les Prussiens

entrés presque sans munitions ; ils n'ont presque pas fait de prisonniers. »

A l'heure actuelle, des dépêches annoncent que la retraite s'est effectuée en bon ordre. On est sans nouvelles du général d'Aurelles, qui n'a rien fait parvenir au gouvernement.

Les nouvelles reçues jusqu'à présent disent que la retraite des corps s'est accomplie dans les meilleures conditions. Nous espérons bientôt reprendre l'offensive ; le moral des troupes est excellent.

Courrier reçu de Paris par ballon signale des victoires sous Paris le 2 et le 3 décembre, celle du 3 surtout a été très-importante. Nous avons combattu trois heures, dit le général Trochu ; les pertes de l'ennemi sont évaluées à un chiffre considérable ; trois mille prisonniers sont arrivés dans la journée à Paris. Troupes ennemies engagées le 3 étaient fraîches ; il y avait environ cent mille hommes, pour la plupart Saxons ou Wurtembergeois.

Rapport officiel dit que les pertes de l'ennemi ont été tellement considérables que, pour la première fois de la campagne, il a laissé passer une rivière en sa présence, en plein jour, à une armée qu'il avait attaquée la veille avec violence. La matinée du 4 a été calme.

Grand effet moral produit dans Paris.

LÉON GAMBETTA.

Tours, le 6 décembre 1870, 2 h. 15.

Je suis informé que les bruits les plus alarmants sont répandus sur la situation de la Loire. Démentez hardiment toutes ces mauvaises nouvelles, colportées dans le but de provoquer le découragement, la démoralisation.

Vous serez strictement dans le vrai en affirmant que notre armée est en ce moment dans d'excellentes positions, que son matériel est intact ou renforcé, qu'elle se dispose à reprendre la lutte contre l'envahisseur ; que chacun soit ferme et fort, que tous ensemble nous fassions un grand, un suprême effort, et la France sera sauvée !

Léon Gambetta.

Tours, le 8 décembre 1870, 4 h. 30 soir.

Hier, les troupes commandées par le général Chanzy ont été attaquées sur la ligne Meung, à Saint-Laurent-des-Bois. Contre, étaient engagées deux divisions bavaroises, une prussienne avec 2,000 chevaux, 6 pièces d'artillerie avec des forces considérables et réserves, sous les ordres du prince Frédéric-Charles ; l'ennemi a été repoussé au delà de Grand-Châtre.

Nos troupes ont couché sur leurs positions du matin. Les prisonniers avouent leurs pertes considérables. Chez l'ennemi, le général de division, Saint-Éphan, a reçu deux blessures. L'ennemi a été repoussé à Charolles.

Tours, le 9 décembre 1870, 2 h. soir.

L'armée du général Chanzy, attaquée hier sur toute la ligne par l'armée du prince Frédéric-Charles, a tenu toute la journée et a couché sur les mêmes positions que la veille. Nous n'avons pas encore de détails sur cette seconde journée.

Tours, le 9 décembre 1870.

A la suite des derniers événements militaires accomplis sur la Loire et de l'évacuation d'Orléans, le Gouvernement a décidé la création de deux armées distinctes, ayant à opérer dans les deux régions séparées par le cours du fleuve, en conservant la jonction avec Paris comme objectif immédiat et suprême. Dans cette situation, il importe avant tout que la liberté des mouve=

ments stratégiques de ces deux armées ne puisse être entravée ni de près ni de loin par des préoccupations politiques ou administratives.

En conséquence, la proximité du siége du gouvernement à Tours pouvant gêner les opérations des deux armées, il a été décidé que l'ensemble des services serait transporté à Bordeaux, qui, par la facilité de ses communications de terre et de mer avec le reste de la France, offre de précieuses ressources pour l'organisation de nos forces et la continuation de la guerre.

Quant au ministre de l'intérieur et de la guerre, il se rend, dès demain, aux armées, où est sa place dans les circonstances actuelles, pour assister aux efforts des soldats de la France vers Paris.

FIN DE LA PREMIÈRE SÉRIE

La deuxième série comprend les dépêches du Gouvernement de Paris et de la Délégation de Bordeaux jusqu'à la fin de la guerre.

La troisième série comprend les dépêches et documents qui se rapportent à la conclusion de la paix.

EN VENTE CHEZ LES MÊMES ÉDITEURS

ALEXANDRE DUMAS. **Les Crimes célèbres.** 4 volumes gr. in-18 . . . . . . fr. 8 »

VACHEROT. **La Démocratie.** 1 vol. in-8. 5 »

PELLETAN. **La Famille. La Mère.** 1 vol. in-8. . . . . 3 »

— **Les Fêtes de l'intelligence.** 1 vol. in-8 . . . . 1 »

LOUIS ULBACH. **Ses Romans,** complets. 16 vol. in-18 . . . . . . 48 »

— **Ecrits littéraires et politique** . 3 vol. in-18   10 50

Paris-Guide. Par les principaux écrivains et artistes de France. Deux forts vol. petit in-8 avec cartes, plans et illustrations. . . . . 20 »

ESQUIROS. **L'Emile du dix-neuvième siècle.** 1 vol. in-8 . . . . . . 7 50

DANIEL STERN. **Histoire de la Révolution de 1848.** 1 fort vol. gr. in-8 à 2 colonnes, illustré. 7 50

DE KÉRATRY. **L'Expédition de Maximilien au Mexique.** 1 vol. in-8 . . . . 7 »

— **L'Armée de Bretagne et le Camp de Conlie.** 1 vol. in-8, avec 2 cartes . . . . 6 »

— **La Créance Jecker.** 1 vol. in-8 . . . . 3 »

— **La Contre-Guerilla au Mexique.** 1 vol. gr. in-18. 3 50

Paris. — Imp. Emile Voitelain et C°, 61, rue J.-J.-Rousseau.

www.ingramcontent.com/pod-product-compliance
Lightning Source LLC
Chambersburg PA
CBHW052049270326
41931CB00012B/2690